Crisis communication

クライシス・コミュニケーション
の考え方、
その理論と実践

宇於崎 裕美 著

経営書院

はじめに

　事件や事故、あるいは災害が起きたときのコミュニケーション活動を「クライシス・コミュニケーション」(危機管理広報)といいます。本書は、世間に対して説明責任を負っている官庁や企業の幹部の皆さんのための、クライシス・コミュニケーションについての「考え方」を述べた解説書です。各章Q&Aで始まり、そのあとに詳しい説明が続くという構成になっています。時間のない方は、Q&Aだけを読んでいただければ、ポイントがつかめるよう工夫してあります。

　ここに収録されているQ&Aは、私がここ数年、中央官庁や全国の地方自治体、企業、大学、病院関係者の皆さんから直接、尋ねられたことがもとになっています。以前、私は「不祥事が起こってしまった！」(経営書院)という本を書きました。それは主に企業の広報部や総務部の皆さんを対象としたクライシス・コミュニケーションのマニュアル本でした。その本がきっかけとなり、各地の職員・社員研修に講師として呼んでいただけるようになりました。実際に研修に伺って気づいたことは、受講者の皆さんがほんとうに悩んでいるのは、クライシス・コミュニケーションの技術についてではないということでした。「そもそも、なぜ自分たちがマスコミ

関係者に丁寧に説明をしなくてはならないのか」という"とまどい"を感じていらっしゃる方が実に多いということがわかってきました。また、「なぜ正しくない記事が出てしまうのか？」「どうして記者はしつこいのか？」「回答がわからないとき、ほんとうに『わかりません』って言ってもいいのか？」というような素朴な疑問もお持ちだということを知りました。

　本書はそのような根本的なモヤモヤを晴らすことを目的としています。

　モヤモヤが解決すれば、技術は後からついてきます。まずは、クライシス・コミュニケーションや報道に対して皆さんが抱いているモヤモヤを本書によって晴らし、すっきりしていただきたいと思います。

増刷にあたり

　本書を出版してから二年が経ちました。その間、世間ではソーシャルネットワーキングサービス（SNS）が普及し、そこを舞台としたトラブルが急増しました。一方で、一般の人々からのクレームも複雑化し、私のもとにも企業や学校法人からの深刻なご相談が寄せられるようになりました。そこで、このたびの増刷の機会に、新たに「第15章　マスコミ以外のステークホルダー対応」を追加し、ネットで炎上が起きたり、特殊なクレーマーに出会ってしまったりしたときの対応方法について解説しました。皆様のご参考になれば幸いです。

2013年12月
エンカツ社
宇於崎裕美

目　次

はじめに……………………………………………………… 1

第1章　マスコミ報道は「論理的」— "正しくない"報道には理由がある…………… 13

正しい報道とは何か？…………………………… 13
マスコミは論理的に動く………………………… 14
記者に理解されない理由………………………… 15
クライシス・コミュニケーション……………… 16
記者対応の不手際がお粗末報道を招く………… 16
クライシス・コミュニケーションの三原則…… 17
クライシス・コミュニケーションの具体策…… 21
パブリック・リレーションズ…………………… 22
当事者の努力が必要……………………………… 24

第2章　内部告発を防ぐ方法— 先手必勝、早期の公式発表が一番………………… 25

尖閣映像流出事件からの教訓…………………… 25

環境と意識の変化 ── 不祥事発覚の七割は内部告発… 26
情報管理の「防御」と「攻撃」……………………… 27
先手必勝…………………………………………… 27

第3章 マスコミ対応成功の秘訣── スピードが命… 29

スピードが命……………………………………… 29
人を待たせてはだめ……………………………… 30
沈黙は金ではない………………………………… 30
事例比較──二つの工場火災…………………… 31
失敗原因は「情報公開スピードが遅いこと」………… 32
情報公開のスピードと報道量は反比例…………… 33

第4章 東日本大震災の教訓１── 想定着地点を明確に…………………………………… 36

農産物出荷・摂取制限による混乱……………… 36
あいまいな表現はご法度………………………… 38
当事者から想定着地点を示さないと先行き不安が増大… 39
事件・事故・災害時に人々が知りたい４つのポイント… 39
農産物出荷・摂取制限発表時に足りなかったこと…… 41

第5章　東日本大震災の教訓2── 伝えるべきは　データではなくメッセージ………………… 44

メッセージ無き記者発表は不安の元……………… 44
データとメッセージは違う…………………… 45
データや情報の発表だけではありがたがられない…… 46
大切なのはメッセージ………………………… 48

第6章　安易な常套句は避ける──「しっかり」「ちゃんと」「すみやかに」の繰り返しは　信頼を失う……………………………… 49

常套句の繰り返しは自信のなさの表れ……………… 49
固有名詞と数字が具体性を高める………………… 50
安請負は厳禁…………………………………… 51
あいまいな態度が一番危ない……………………… 52

第7章　流言飛語は避けられる──「あいまいさ」と「不安」を排除すればうわさは消える…… 53

ネットで一瞬にして広がった流言飛語……………… 53
正式メッセージの威力………………………… 54
流言飛語の特徴と対策………………………… 55

第8章　記者会見のぶっつけ本番は命取り―
日ごろの訓練と直前のリハーサルで
備えよう……………………………………… 57

　記者会見をやるにも訓練は必要………………………… 57
　メディアトレーニングは効果絶大……………………… 60
　ロールプレイで記者の思考回路を疑似体験…………… 61
　直前リハーサルで最終確認……………………………… 62
　日ごろの訓練は最善の備え……………………………… 64

第9章　答えにつまったときの対処法―　正直になる…… 67

　「わかりません」と言ってはいけないのか…………… 67
　わからない、知らない、言えないことも「立派な情報」… 68
　わからない、知らない、言えないには「理由」がある… 68
　基準を明らかに…………………………………………… 69
　部分最適は全体最悪を招く……………………………… 70
　しつこく質問される原因は当事者にある……………… 71

第10章　泣く、土下座はご法度―　トップの涙や
土下座は大ニュース………………………… 73

　かっこうのネタ…………………………………………… 73

記者会見は感情をぶつける場ではない……………… 74
　トップには冷静さが求められる……………… 76

第11章　謝罪会見に正解はあるか―　正解パターンはない……………… 78

　形だけのやっつけ仕事ではダメ……………… 78
　想定問答集の丸暗記はキケン……………… 79
　トップはタフでないと……………… 82
　要領が良すぎても……………… 83
　すべての人を満足させるのは無理……………… 83
　自分たちの主張と相手の期待を冷静に比較……………… 84
　ギャップをどこまで埋めるのかを合理的に判断……………… 84
　逃げてはダメ……………… 85
　スピードが命……………… 86

第12章　誤報されたときの対処法―　泣き寝入りはしない……………… 87

　誤報の原因の多くは記者の勘違い……………… 87
　日ごろのPR不足も原因……………… 88
　誤報を生む環境要因は発表者側の努力不足……………… 89
　間違いは直ちに連絡……………… 89

マスコミに頼らず、自分たちでできる名誉回復術……91

第13章　不祥事発生時には最低限、何を用意すればよいのか──ポジション・ペーパーと想定問答集とFAQ……93

　誰もが知りたい客観的事実……93
　ポジション・ペーパーの形……94
　未定、不明事項もそのまま記入……97
　ポジション・ペーパーは更新が必要……98
　ポジション・ペーパーの活用法……99
　想定質問を洗い出す……99
　回答を準備する……100
　想定問答集の活用法……101
　FAQを抽出する……101
　FAQとその回答の活用法……101

第14章　事態終息後にやるべきことは──未来を見すえたメッセージ発信……102

　黙っていてはわからない……102
　いつ声を上げるのかが難しい……103
　長すぎる沈黙はトラブルの元……104

まじめにやっているだけでいいのか……………………105
前向きなメッセージ発信こそ重要……………………105
前提はクライシス・コミュニケーションができていること……………………………………………………106

第15章　マスコミ以外のステークホルダー対応
― ネットの炎上、クレーマーには誠意を持って理論武装……………107

付　録　クライシス・コミュニケーション実践チェックリスト……………………117

A．クライシス・コミュニケーションのPDCAサイクル…117
1．平時における準備：クライシス・コミュニケーションのPDCAサイクルのP：Plan計画……………118
2．緊急事態発生時のマスコミ対応：クライシス・コミュニケーションのPDCAサイクルのD：Do実行……………………………………………………129
3．マスコミ対応後のチェック作業：クライシス・コミュニケーションのPDCAサイクルのC：Check確認……………………………………143
4．改善策の実施：クライシス・コミュニケーションPDCAサイクルのA：Actionアクション……144

B．クライシス・コミュニケーション　行動・作業
　チェックリスト……………………………………………146
　　1．平時における準備：クライシス・コミュニケー
　　　ションのPDCAサイクルのP：Plan計画……………146
　　2．緊急事態発生時のマスコミ対応：クライシス・
　　　コミュニケーションのPDCAサイクルの
　　　D：Do実行……………………………………………147
　　3．マスコミ対応後のチェック作業：クライシス・
　　　コミュニケーションのPDCAサイクルの
　　　C：Check確認…………………………………………149
　　4．改善策の実施：クライシス・コミュニケー
　　　ションPDCAサイクルのA：Actionアクション……149

おわりに……………………………………………………151

第1章

マスコミ報道は「論理的」——
"正しくない"報道には理由がある

Q 会社で事故が起こったとき、新聞やテレビに取材されました。しかし、マスコミは正しく報道してくれませんでした。なぜマスコミは間違った報道をするのでしょうか?

A 新聞記事やテレビニュースの一つひとつには、記者や番組制作者の誤解や早合点が含まれているかもしれません。しかし、マスコミ報道全体の論調は、記者が勝手に作り出したのではありません。事件・事故の当事者の「社会に対する姿勢」が反映されたものなのです。よって、マスコミ報道が間違っていると感じたときは、記者のせいにするのではなく、まず自分たちの対応や姿勢を振り返ってみてください。

○ 正しい報道とは何か?

　私は官庁や企業を対象にマスコミ対応についてのコンサル

テーションと研修を行っています。ここ数年は日本全国で年間50回程度の研修を行っています。そのような研修時に、「何か事件・事故が起こったとき、どうしてマスコミは、正しく報道してくれないのか」という質問を受講者の皆さんから頻繁に受けます。この質問の本当の意味は、「どうしてマスコミは自分たちに都合のよいように報道してくれないのか」ということではないかと私は思っています。そもそも物事は、見方によって解釈が違ってきます。「正しい報道」というものも、ある立場の人から見て正しいということでしかありません。

◯ マスコミは論理的に動く

　当事者は一生懸命に説明したつもりでも、資料の作り方や説明方法あるいは発表タイミングがまずくて事実関係が記者に理解されなかったり、誠意が伝わらなかったりすることがあります。そんなとき、当事者は「せっかく一生懸命に事件・事故、災害に対処しているのに、マスコミがちゃんと報道してくれない。世間も自分たちの苦労をぜんぜんわかってくれない。それもこれもマスコミが悪い」と憤慨してしまいます。残念ながらこういったことはよくあるようです。

　私はマスコミ報道というものは、常に論理的に展開されていると考えます。一つひとつの記事やTVのニュース番組にはいくぶんか間違いが含まれていることはあるかもしれませ

んが、多くは誤差の範囲です。マスコミ報道全体の大きな流れは、一人の記者やディレクターが勝手に演出したのではなく、事件・事故等の"当事者と社会との関係"が映し出されたものに過ぎないのです。社会との関係がうまく築かれていれば、当事者の説明を記者も熱心に聞きますし、報道に接した一般の読者・視聴者も当事者の主張を理解しようとします。逆に社会との関係がぎくしゃくしていると、それがそのまま報道に反映されるのです。何事も「原因があって結果がある」わけです。

　日ごろ積極的に説明責任を果たしていない組織は、社会から正しく理解されておらず、好感も持たれていないかもしれません。そんな組織がひとたび事件や事故を起こすと、その不祥事の印象だけでマスコミや周囲の人々から評価されてしまいます。もし、事件・事故報道が一面的で正しくないと当事者が感じるのであれば、それは説明責任を果たしていなかった当事者に原因があるといえます。

○　記者に理解されない理由

　当事者が望むとおりに報道されない、記者に理解されないということにはそれなりの理由があります。その理由を探っていくと、大きく二つあります。

① 事件・事故あるいは災害などの"危機発生時"の説明が不適切であった

② "危機発生以前"から、社会あるいはマスコミとの関係がよくなかった

①の場合はクライシス・コミュニケーション(危機管理広報)がうまくできていない、ということです。

②の場合は、日ごろのパブリック・リレーションズ(PR・広報)が足りないということです。

○ クライシス・コミュニケーション

クライシス・コミュニケーションとは、事件・事故あるいは災害などにより組織が危機的状況に陥ったときに行うコミュニケーション活動全般です。日本語では危機管理広報と訳されています。地域住民や地域企業、一般市民との直接対話のほか、マスコミ対応も含みます。

○ 記者対応の不手際がお粗末報道を招く

事故が起きたとき、企業の場合は取引先などに「迷惑をかけたくない」という気持ちが働くので、すぐに営業担当者が説明に走ります。しかし、マスコミに対しては手が回らないというのが実情のようです。また、マスコミの重要性を普段から意識していないと、記者から問い合わせがあっても「面倒くさい」「それどころではない」という気持ちになってしまうこともあるでしょう。結局、当事者が記者に対し充分な説明ができないので、報道内容もお粗末になってしまうのです。

「クライシス・コミュニケーション」とは

- 火災、爆発、製品不具合、個人情報漏洩などの事件・事故や災害により官庁・企業等組織が危機的状況に陥ったときのコミュニケーション活動全般
- 当事者が世間に対し情報を公開し、マスコミや地域住民、一般消費者、観光客、取引先、従業員等ステークホルダー（利害関係者）から理解と協力を得ようとする活動
- クライシス・コミュニケーションに失敗すると……

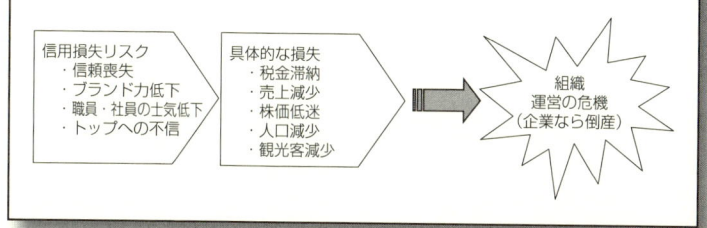

信用損失リスク
・信頼喪失
・ブランド力低下
・職員・社員の士気低下
・トップへの不信

具体的な損失
・税金滞納
・売上減少
・株価低迷
・人口減少
・観光客減少

→ 組織運営の危機（企業なら倒産）

◯ クライシス・コミュニケーションの三原則

適切なクライシス・コミュニケーションとはどんなものでしょうか。私はクライシス・コミュニケーションの原則として次の3つを提唱しています。

原則1：誠実第一主義に基づいた情報公開

クライシス・コミュニケーションの本質

- 第一目的：風評による二次的被害から組織を守る
    - マスコミ、地域住民等ステークホルダーからの誤解を避ける
- 第二目的：クライシスを乗り越え、持続可能な成長をめざす
    - ステークホルダーの共感を得る「この不祥事にめげず、がんばれ！」
- 特性：クライシス・コミュニケーションはサイエンス
    - 原因と結果が明白⇒ロジックがある⇒再現性がある⇒打つ手がある！
- 注意：組織犯罪を隠蔽するものではない
    - 記者にはいつか見抜かれる、内部告発もある

原則２：明確な方針と戦略が重要

原則３：知識やスキルより意識

原則１：誠実第一主義に基づいた情報公開

　危機発生時、組織のトップに「隠す」「逃げる」という選択肢はないということを覚悟してください。トップに迷いがあるとタイミングを逸し、せっかく情報を公開しても「遅

> # クライシス・コミュニケーションの原則１
>
> ・誠実第一主義に基づいた情報公開
>   - クライシス・コミュニケーションは危機管理の要諦
>   - トップに覚悟があること
>   ・ネガティブ情報も「すべて」「速やかに」トップに伝わっていることが大前提
>   ・トップに「隠す」「逃げる」という選択肢はない

い」とマスコミや世間から非難を受けます。クライシス・コミュニケーションに失敗している組織の多くが、この点でつまずいています。

　原則２：明確な方針と戦略が重要
　情報公開が大切とはいえ単なる情報の垂れ流しは事態の混乱を招きます。事件・事故あるいは災害についての正確な情報をマスコミに提供するのは当然です。さらに、その組織の社会的責任、存在意義を見つめなおし、誰に対してどういう責任を負っているのか見極めた上で"メッセージ"を表明するようにします。メッセージは、明確な方針と戦略を持った

> # クライシス・コミュニケーションの原則2
>
> ・明確な方針と戦略が重要
>   - 戦略なき情報の垂れ流しは事態の混乱を招く
>   - メッセージを明確に
>   ・誰にいつ何をどのように伝えるべきか考える
>   - 情報公開による影響を予測し備える
>   ・公開後の展開を"冷静に""客観的に"予測する
>   ・覚悟を決めておく
>   ・対策を立てておく

上で発信すべきです。

　原則3：知識やスキルより意識

　「最近、トップの謝り方が皆同じで興ざめ」「とりあえずこれだけ言ってお茶を濁しておこうという態度が見える」という声は、記者から何度も聞きました。上手な資料の作り方、スマートな記者会見のやり方というものは確かに存在していますが、形だけにこだわっていると、心がこもっていないことが記者に見抜かれてしまいます。組織のトップがマスコミ対応の技術を学ぶことは大切ですが、技術だけに頼ってはいけません。

> # クライシス・コミュニケーションの原則3
>
> ・知識やスキルより意識
>   - すべてのケースにあてはまる one size fits all 的な方式はない
>   ・ある記者の言葉
>   (2003年10月実施エンカツ社記者ヒアリング調査から)
>   - 「最近、トップの謝り方が皆同じなのは興ざめ」
>   - 常に模索する努力が必要
>   ・日頃のマスコミ研究で報道上のクライシスに関する「観察眼」を養っておく
>   ・平時のPR活動により、マスコミや世間からの「信用力」を高めておく

 何よりも「真実を伝えよう」という意識が大切です。日頃からマスコミを研究し、信用力を高めるためのPR活動に力を注ぐ努力が必要です。

○ クライシス・コミュニケーションの具体策

 クライシス・コミュニケーションの具体策として、想定問答集や「ポジション・ペーパー」という資料の作成、記者発表会（記者会見）の開催などが挙げられます。また、クライシス・コミュニケーションのための訓練として、事件・事故

あるいは災害が起こったという想定で行う「メディアトレーニング」があります。当社が行うメディアトレーニングでは、想定シナリオを元にして、受講者の皆さんにポジション・ペーパーの作成と模擬記者会見をやっていただきます。模擬記者会見では、発表者役と記者役のどちらか、あるいは両方をロールプレイで体験していただきます。その模擬記者会見の様子はビデオ撮影し、あとで受講者本人に自分の発言の様子を見ていただきます。このときトレーナーから改善点について指摘します。しかし実際には、本人が自分の映像を見ることで、自分の欠点に気づき、なんとかしなきゃと奮起することのほうが多いようです。このようなメディアトレーニングを繰り返すことで、いざというとき落ち着いて、伝えるべきことを伝えられるようになっていきます。メディアトレーニングの詳細は、第8章で説明します。

◯ パブリック・リレーションズ

 パブリック・リレーションズとはいわゆるピーアール（PR）のことです。PRはPublic Relationsの略です。日本語では広報と訳されます。PRはときどきセールスプロモーション（販売促進活動）やマーケティング（売上向上策あるいは市場開発活動）と混同されることがあります。が、もともとのPRの意味は、"社会（パブリック）との双方向コミュニケーションによって、社会とのよりよい関係（リレーショ

> # PR・広報＝社会との関係構築
>
> ・平時
> - 企業広報＆マーケティングPR
>   - マスコミに対する働きかけと社会への情報提供
>   - マスコミ報道を通じて、社会での知名度、認知度、理解度、好感度アップ

ン）を構築すること"を指します。よって、PRはセールスプロモーションやマーケティングより上位の概念だと私はとらえています。

　PR活動とは、企業や官庁など組織のあり方や役割を周りの人々に知ってもらうことと、周囲の人々の声に耳を傾けることです。記者会見を行ったり、記者にインタビューしてもらったり、広報誌を作って配布したり、何かイベントを行って人を集めたりするのはPR手法の一部です。

　ふだん、このようなPR活動を行っておらず、世間の人々がその組織のことをまったく知らない状態で、事故を起こしてしまったらどうなるでしょうか。その組織のイメージはゼロからいきなりマイナスになってしまいます。事故後どんな説明をしても、よいふうには受け取られません。さらに困ったことに、いつまでも事故の悪い印象と組織のイメージがセットになって、人々に記憶されてしまいます。

◯ 当事者の努力が必要

「マスコミ報道は正しくない」と文句を言う前に、自分たちはマスコミに正しく報道してもらうための努力をしていたか振り返ってみてほしいと思います。努力というのは、事件・事故や災害が起きた瞬間の努力、つまりクライシス・コミュニケーションだけではなく、日常的な努力であるパブリック・リレーションズ（PR、広報）も含まれます。

第2章

内部告発を防ぐ方法 ―
先手必勝、早期の公式発表が一番

Q 最近は内部告発が多いと聞きます。内部告発を防ぐにはどうすればいいでしょうか？

A 内部告発される前に、組織のトップ自らが公式発表を行うのが一番です。幹部が隠そうとするから、善意に燃える現場の社員・職員が内部告発せざるを得なくなってしまうのです。

○ 尖閣映像流出事件からの教訓

2010年秋、沖縄・尖閣諸島沖で起きた中国漁船衝突事件を撮影したビデオが動画投稿サイト「ユーチューブ」（YouTube）に流出し大騒ぎとなりました。ここで改めて私が感じたことは、情報管理で大切なことは「隠す」ことではなく、情報を「いつ公開するか」「いかに発信するか」であるということです。

○ 環境と意識の変化 ― 不祥事発覚の七割は内部告発

　情報管理というと、セキュリティや規則を厳しくし情報を「守る」ことだと考えている組織が多いようです。しかし、世の中は変わりました。

　「ユーチューブ」に代表されるインターネットの動画投稿サイトや、交流サイトの「ツイッター」(Twitter)、「フェイスブック」(Facebook)が普及し、個人でも"手軽に"、"世界に向けて"、"瞬時に"情報発信できるようになった今、企業や官庁など組織が守っていたつもりの情報がいつのまにか知らないうちに流出してしまう可能性は大いにあります。ここでさらにシステムのセキュリティや社員・職員の罰則規定を厳しくし情報が外に漏れないように「防御」に励んでも限界があります。終身雇用が保障されない現代社会では、働く人の帰属意識は昔と大いに違います。どんなに罰則規定が厳しくても、それを気にせず、内部告発を行う人は増えています。社会的な視点から見て「これはおかしい」というような不祥事が起きてしまった場合、組織の対面や組織内での保身よりも、自分自身の正義感を優先する人が今は多いのです。組織の都合だけを考えて不正に背を向け、組織にしがみつこうとする人は確実に減っています。村上信夫・吉崎誠二著「企業不祥事が止まらない理由」（芙蓉書房出版）によると、

いまや不祥事発覚の七割は内部告発によるということです。

○ 情報管理の「防御」と「攻撃」

情報管理には「防御」だけではなく「攻撃」も必要です。「防御」と「攻撃」、この二つのバランスがとれてこそ、「情報を管理している」といえます。よく「攻撃は最大の防御」といわれますが、クライシス・コミュニケーションにおいても同じです。ここでいう攻撃とは、外部の組織や個人のとがを口を極めて荒だてるということではありません。事実を早期に公表し、当事者の置かれた立場をステークホルダーに理解してもらい、周囲の共感を得ることで優位に立つという意味です。情報をひたすら大事にしまっておくだけだと、世間からは「都合が悪いから隠しているのだ」と誤解されます。ただ黙っているだけで、自分たちに都合よく解釈してもらえるほど世間は甘くありません。

○ 先手必勝

事件や事故など不祥事発生時、当事者が主導権を握り事態の混乱を避けるために、もっとも有効な方法は、当事者自らが早期にそして積極的に情報公開をすることです。これが一番効果的です。内部告発や報道関係者からの指摘を受ける前に、当事者が先手を打って事実を伝えることで、事態沈静化への道は開けます。仮に当事者に重大な落ち度があり、非難

を免れない状況だったとしても、先手を打って正直に事実を伝えたのと、他人から指摘されたのとでは、マスコミや世間の受け止め方は大いに違ってきます。内部告発で事件・事故が発覚した場合、マスコミの論調は「組織的隠ぺい。けしからん」ということになってしまいます。だからこそ、当事者自らが先に発表しなくてはならないのです。また、当事者が情報公開のタイミングを把握していれば、覚悟を決め、態勢を整えるだけの余裕も出てきます。

第3章

マスコミ対応成功の秘訣 ─ スピードが命

Q 事件・事故あるいは災害などに巻き込まれたとき、なかなか状況が確認できないと思います。対策などもすぐには立てられません。記者や取引先、周辺住民から問い合わせがあったときは、待ってもらってもいいですか？

A 待ってもらうわけにはいきません。緊急事態発生時には、状況確認よりも情報公開スピードにこだわってください。詳細が明らかになっていなくても、現時点で言える確実なことを発表してください。たとえ何もわかっていなくても、「現時点では詳細は判明しておりません」と伝えてください。

○ スピードが命

　事件・事故あるいは災害など緊急事態発生時、何よりも大切なのは「スピード」です。日本パブリックリレーションズ

協会が2003年に行った記者100人に対するアンケートで「緊急事態発生時の初期マスコミ対応で、企業が重視すべき項目は？」という問いに対し、一番多かった回答は「対応の迅速性」がトップ（53％）でした。

◯ 人を待たせてはだめ

事件や事故あるいは災害が発生したとき、状況確認や今後の対策の決定がすぐに行えるといいのですが、残念ながら実際にはそうとう時間がかかります。だからと言って、当事者がいつまでもステークホルダー（利害関係者。当事者を取り巻く人やグループ）を待たせておいていいというものでもありません。事故が起きたとき、その原因や被害規模がはっきりわからない状況であっても「事故が起きました。原因、被害規模ともに不明です。現在、調査をしております」だけでもよいので、早く発表したほうがよいのです。対策が決まっていなくても、「現在、検討中です。決定までに時間がかかりますが、各方面から専門家を集め、協議を始めました」など、今、何をしているのか、どこまで進んでいるのかを伝えてください。

◯ 沈黙は金ではない

一番よくないのは「沈黙」です。当たり前のことですが、熟考していて黙っているのと、何も考えずに黙っているの

は、区別がつきません。古来、日本では「沈黙は金」と言われてきましたが、今はそうではありません。沈黙はトラブルのもとです。当事者が何も言わないでいると、周囲の人々は「当事者はただ手をこまねいてみているだけで何もしていないのでは？」と不信感を募らせます。今は「ツイッター」や「フェイスブック」のようなインターネットの交流サイトで、不信感をいだいた人々からのネガティブな書き込みがあふれてしまう時代です。だからこそ、結論がでていなくても、「思案中」「検討中」「調査中」ということを当事者から周囲に知らせてください。懸命に対策を練っているのだという事実を伝え、少しだけでも周囲の人々を安心させてください。そして、結論が出たときには、続報を伝え、マスコミ関係者も含め周囲とのコミュニケーションをとって下さい。

◯　事例比較―二つの工場火災

　2002年3月某日午後5時、A社の九州の工場で火災が発生しました。このとき、A社では迅速な情報開示に努め、現地支社長による最初の記者会見は火災発生から3時間後でした。15時間後の翌朝には東京から社長がかけつけ、現地でもう一度会見を開きました。結果的に報道は火災発生日の夜のテレビニュースと翌日の朝・夕刊だけで済みました。連続報道期間は計2日間でした。

翌2003年9月某日正午、B社の関東の工場でも火災が起きました。B社では、状況確認と情報収集にこだわり、最初の記者会見は事故発生から9時間半後でした。社長はこのとき海外出張中で、社長の帰国を待って行われた記者会見は火災発生から57時間後でした。結果的に報道は連続17日間にもわたりました。

　A社とB社、どちらがクライシス・コミュニケーション上優れていたかというと、明らかにA社です。なぜなら、A社の場合、報道期間が2日間と短く報道内容も「火災発生」と「鎮火」という客観的事実だけで、工場や会社の姿勢を糾弾するものはありませんでした。一方、B社のほうは、長期にわたりネガティブ報道が続きました。社長会見が行われるまでの2日半の間、過去の不祥事が蒸し返され、経営者の資質まで問題視されました。記者会見が遅れたこと自体も、「過去の不祥事に学んでいない」、「社内の風通しが悪く決定が遅い」などと非難の対象になりました。

○　失敗原因は「情報公開スピードが遅いこと」

　A社とB社、二つの事例の明らかな違いは、火災発生から最初の記者会見開催までの「時間」です。A社は火災発生から3時間後に記者会見を開いています。この時点で、火災はまだ鎮火しておらず、被害規模や原因の特定はできていませ

んでした。それでも正面から記者に対応し、燃えさかる現場を隠さず、マスコミに写真を撮らせるA社の姿勢を記者は好意的に受け止めました。「この会社は隠しごとをしていない」とみなし、火災そのものについての報道はあったものの、企業体質が云々といった批判めいた記事はありませんでした。一方、つめかける記者を9時間以上待たせたB社はマスコミから散々非難されました。

○ 情報公開のスピードと報道量は反比例

マスコミで事件・事故が報道される期間の違いは「情報公開のスピード」によって変わってきます。早期にマスコミ対応を行った組織と、対応が遅れ記者のひんしゅくを買った組織とでは、同規模の事故を起こしたとしても報道日数に大きな差が出ます。情報公開が遅れれば遅れるほど報道日数は伸び、組織の信用もどんどん低下していきます。

社長が雲隠れしたり、マスコミを遠ざけたりすると、批判的な報道が何日も続きます。不祥事を起こした組織が正式に記者発表をしない場合でも、記者やテレビのレポーターは、その組織に関する報道をしなくてはなりません。そこで報道関係者たちは、周辺住民や元従業員に聞き込みを行ったり、記事データベースやニュース映像アーカイブズを丹念に調べて過去の不祥事を蒸し返したりして、なんとか報道を続けます。組織が重い腰を上げて、ようやく記者発表をする頃には、

> # 危機発生時の記者対応注意点
>
> スピードが命！
>
> ・取材活動に協力し、報道を早めに終わらせる努力を
>   ・記者や他のステークホルダーが求める情報を過不足なく用意する
>
> 記者が求める情報とは
>   ①何が起きたか（現状）
>   ②なぜ起きたか（原因）
>   ③今どうするのか（対処、補償）
>   ④将来どうすればよいのか（再発防止策）

マスコミ各社の独自取材によるネガティブ報道が巷にあふれているという事態になってしまうのです。

　万一、事件や事故を起こしてしまった場合は、逃げ隠れするのは不可能だと覚悟を決め、積極的にマスコミ対応をしたほうが、マスコミに騒がれる期間は短くなります。結果的に組織が受けるダメージは小さくなります。

とにかく、クライシス・コミュニケーションの現場では「情報公開のスピード」が明暗を分けます。クライシス・コミュニケーションに失敗した組織は、皆、一様に事件・事故の発生から公表までのスピードが遅いのです。パロマ工業製瞬間湯沸器による一酸化炭素中毒事故も、三菱自動車のリコール問題も、あるいは東日本大震災の東京電力福島第一原子力発電所事故とその後の避難指示問題も、公表までに時間がかかったことに非難が集中しました。失敗したくなければ、速やかな情報公開を心がけることが大切です。

第4章

東日本大震災の教訓1 ― 想定着地点を明確に

Q 事件・事故あるいは災害等危機発生時、世間が混乱しそうな"不吉な"情報を発表しなくてはならないときの注意点は何ですか？

A 自分たちが何を目指しているのか、「着地点」を想定してください。この想定着地点を、早い時期に発表してください。そうすることで、人々の抱く「先行き不安」を軽減できます。

○農産物出荷・摂取制限による混乱

　2011年3月11日に発生した東日本大震災の際、原発事故が発生。その影響でホウレンソウなどの農産物から暫定基準値を超える放射線量が検出され、3月21日には政府から出荷制限が、3月23日には摂取制限が発表されました。そのために大混乱が起きました。当面の健康被害はないが、出荷しては

経緯

- 3月11日　　14:46 三陸沖を震源とするM9.0の地震発生
　　　　　　19:03 原子力緊急事態宣言発令
- 3月17日　　厚生労働省が農産物の「暫定基準値」を通知
- 3月19日　　官房長官会見「茨城県産ホウレンソウ、福島産原乳から暫定基準値を超える放射線量が検出された」
- 3月21日　　福島、茨城、栃木、群馬県産のホウレンソウ、カキナと福島県産の原乳の出荷制限
- 3月23日　　福島県産のキャベツなどの摂取、出荷制限
- 4月4日　　　千葉県香取市産等ホウレンソウなどの出荷制限
- 4月4日　　　出荷制限・摂取制限の解除条件について発表
- 4月8日　　　福島県喜多方市産などの原乳、群馬県産ホウレンソウ、カキナの出荷制限解除
- 4月10日　　茨城県産原乳の出荷制限解除
- 4月13日　　福島県飯舘村産露地原木栽培しいたけの摂取制限
- 4月14日　　栃木県産カキナの出荷制限解除
- 4月27日　　福島県産キャベツなどの摂取、出荷制限解除

いけない、食べてはいけない、とにかく冷静な行動をせよ、としか説明が無かったからです。

○　あいまいな表現はご法度

「冷静な行動」の解釈は人によってぜんぜん違います。よって、「冷静な行動をお願いします」という表現はあいまいで、それを聞いた人々はどうすればよいのか大いに迷いました。「当面ホウレンソウを食べない」ということかもしれないし、「健康被害がないのなら、基準値を超えていてもホウレンソウを食べる」ことかもしれません。出荷・摂取制限が発表されたとき、インターネットの交流サイト「ツイッター」でも、さまざまな意見が飛び交っていました。たとえば、こんな調子です。"被災地農家は疲弊しており、東日本全体で食糧の流通量が減っているこの非常時に、「摂取しつづけても直ちに影響のない」農産物の出荷制限をしなくてもいいのでは？""茨城や福島でホウレンソウ、牛乳から放射能が検出されたと報道されています。ここ仙台では生鮮食品がとても入手しにくく、捨てるのであればぜひわけていただきたいです。"

さらに、「当面の健康被害はない」という発表内容と、「出荷するな、食べるな」という行動指示の間には矛盾があります。それで、人々は混乱したのです。政府は「暫定基準値を超えた」から即、制限をかけたのでしょうが、国民の多くは「当面の健康被害はない」ほうに注目してしまったのです。

◯ 当事者から想定着地点を示さないと先行き不安が増大

　東日本大震災のような未曾有の大災害の場合、着地点を見極めること、つまり先を見通すことはきわめて困難であろうと察します。しかし、通常の組織運営上考えられる事件・事故については、それが起こってしまったとき、論理的な着地点を想定したうえで当事者は対処にあたりますよね。クライシス・コミュニケーションの一環として事態を世間に説明するときも、その想定着地点について言及すべきです。「◯日後の復旧を目指し、現在、修復工事を行っております」というように、当事者が何を目指して今どうしているのかがわかると周囲は安心するのです。しかし、しばしば、見られるのは「言葉足らず」な発表です。これからどうなるのか、あるいはどうすればよいのか、当事者は何を目指しているのかが一向にわからないことが多い。それで人々はどんどん不安になっていくのです。

◯ 事件・事故・災害時に人々が知りたい４つのポイント

　一般的に、事件・事故あるいは災害等危機が発生したとき、人々が知りたいことは以下の４ポイントです。

① 　何が起きたか（現状）
② 　なぜ起きたか（原因）

> # 危機発生時、
> # 皆が知りたい4つのこと
>
> ①何が起きたか（現状）
> ②なぜ起きたか（原因）
> ③今どうするのか（対処、補償）
> ④将来どうすればよいのか（再発防止策）
>
> ⬇
>
> 記者発表資料に入れるべき
> 重要ポイント

③　今どうするのか（対処、補償）
④　将来どうすればよいのか（再発防止策）

　これらは当然、記者発表時にも資料に入れるべき項目です。

　補償や再発防止策など結論が出るまでに時間がかかる項目については、"現時点でどこまで手がついているのか""どうするつもりなのか"を発表資料に入れてください。「現在、検討中です」「被害額を算定した後、発表します」「これから検討します」でもいいのです。とにかく、現時点で言える確実

なことを伝えてください。

◯ 農産物出荷・摂取制限発表時に足りなかったこと

　東日本大震災後の農産物出荷・摂取制限発表時には、③今どうするのか（対処、補償）と④将来どうすればよいのか（再発防止策）にあたる部分がプレスリリース（報道関係者用の資料）にはまったくありませんでした。それでマスコミはじめ世間の人々は不安になってしまい、世の中が混乱してしまったのです。それがとても残念です。

　このホウレンソウをはじめとする農産物の出荷・摂取制限問題は、4月4日に出荷制限・摂取制限の解除条件が発表され、その後しばらくして実際に制限解除に至りました。

　理想を言えば、出荷・摂取制限の解除条件（当該区域の複数市町村で1週間ごとに検査し、3回連続暫定規制値以下となること）を、3月21日の制限発表時に明らかにしてほしかったと思います。制限解除条件があることがわかっていれば、生産農家も流通業者も消費者も「将来こうなればいいのか。では、それまで辛抱強く待とう」という気持ちになれたはずです。しかし、実際には、出荷・摂取制限の解除条件は、制限発表から2週間も経ってからようやく出てきました。そ

> ## 摂取・出荷制限発表に
> ## 足りなかったこと
>
> ③今どうするのか（対処、補償）
> ④将来どうすればよいのか（再発防止策）
>
> ⇒ 今、どうすればよいのか、
> 　　これからどうなるのか
>
> （わからないので・・・）
> ↓
> 人々はますます不安に

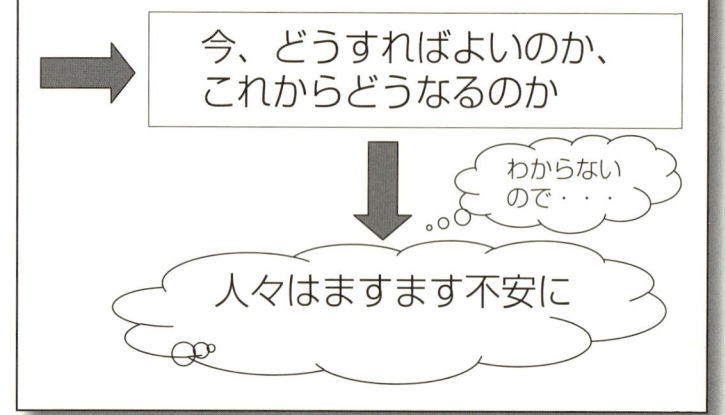

の間の生産農家の皆さんの絶望感は察するに余りあります。3月24日には福島県の野菜生産農家の男性の自殺まで起きています。

　もし、3月21日の制限発表時に、せめて「制限解除条件については、現在、検討中です」と一言、発表資料に入れてくれればよかったのにと思います。検討していることがわかれば、やがて結論が出てくることは予測できるわけです。「検

「がんばろう東北」

「がんばろう東北」―東京・有楽町駅前の交通会館マルシェで行われた農産物販売会

写真撮影：宇於崎裕美

討中」の一言だけでも、少しは人々の希望をつなぐ材料になったはずです。

第5章

東日本大震災の教訓2 ― 伝えるべきはデータではなくメッセージ

Q 大事故などの危機的状況において、人々に伝えるべきことは何でしょうか？

A メッセージです。データや情報だけでは人々を説得することはできません。メッセージとは、相手に伝えたい中身、つまり思いや願い、当事者の意思です。単なる、数値や事実の集合ではありません。

○ メッセージ無き記者発表は不安の元

東日本大震災で問題になったことの一つに、福島第一原子力発電所事故についての東京電力、原子力安全・保安院、内閣官房長官の記者発表のわかりにくさということがありました。シーベルトとベクレルの違い[注1]、放射線と放射能、放射性物質の違い[注2]も理解されていない状況で、断片的な発

表が三者三様にばらばらに行われたため、「結局、今、どうすればよいのか、これからどうなるのか、当事者は何がしたいのか」がいつまでたってもわからず、日本国民のみならず諸外国の人々も不満と不安をつのらせました。

　原発事故から1ヵ月後に、ようやく東京電力から事故対策に向けての工程表が発表され、東京電力、原子力安全・保安院、内閣官房長官の三者でばらばらに行われていた記者発表も合同で行われるようになり、徐々に落ち着きを見せ始めました。が、相変わらず、人々のフラストレーションは解消されませんでした。事故の深刻さはなんとなく理解できても、丁寧に説明してもらったという実感が国民にはありませんでした。当事者から誠実に対応してもらっていないという不満が残りました。なぜ、そうなってしまったのか。一番の理由は、当事者の誰も「メッセージ」を伝えていなかったからだと私は考えます。

○データとメッセージは違う
　言葉の意味を厳密に問うと、データとは"複数個の事実や

注1）　放射線による人体への影響度合いを表す単位が「シーベルト」、放射性物質が放射線を出す能力を表す単位が「ベクレル」
注2）　「放射線」は物質を透過する力を持った光線に似たもの。放射線を出す能力が「放射能」。この能力をもった物質のことを「放射性物質」

数字の集合"です。情報とは"意味のあるデータ"です。メッセージとは"相手に伝えたい中身"です。

「測定値は1ミリシーベルトです」とか「○月○日○時から注水を開始します」というのはメッセージではありません。これらは単なるデータあるいは情報です。

クライシス・コミュニケーションでは、「情報公開が第一」と言われます。日本では長い間、事件・事故が起こったとき、官庁でも企業でもなにかと情報を隠そうとする傾向がありました。それで、「情報公開の重要性」が叫ばれてきたのでした。今、この「情報公開の重要性」に異論を唱える人はいないと思いますが、「情報というものの解釈」は、人それぞれです。困ったことに「単なるデータを発表すれば、情報公開は充分」と考えてしまう人がいます。自分たちのメッセージはなんなのかをあまり意識せずに記者会見に臨む組織のトップも多いようです。それで、記者や被害者、周辺住民、一般消費者からは「何を言いたいのかわからない」と不満の声が上がるのです。

○　データや情報の発表だけではありがたがられない

いまやインターネットの普及で、データや断片的な情報だ

> ## 「メッセージ」とは
>
> ・意味
>   - 相手に伝えたい中身
>   - 思い、願い、意思
>   - 単なるデータや情報ではない
>
> ・比較
>   - 「データ」
>   ・資料
>   ・複数個の事実や数値の集合
>   - 「情報」
>   ・意味のあるデータ

けなら誰もが簡単に検索できるようになりました。真偽のほどは別としても、もっともらしいデータや情報は交流サイトの「ツイッター」や「フェイスブック」あるいは動画投稿サイト「ユーチューブ」などにあふれています。よって、当事者がデータや情報の発表だけにこだわっていても世間からは評価されなくなってしまいました。当事者が記者会見に臨みもったいぶってデータを発表しても、「そんなことはもうネットに出ていますよ」と記者から言われかねません。

◯ 大切なのはメッセージ

　記者をはじめ世間が当事者に求めるのは単なるデータではありません。情報だけでも不十分です。当事者のメッセージはなんなのかということが問われているのです。データや情報はもちろん重要です。ですが、データや情報はメッセージの裏付けとして提示されなくては、いまや価値がないのです。

　これからは、事件・事故そして災害などの危機発生時、当事者は単なるデータあるいは情報の発表だけではなく、「自分たちの責任は何であり、その責任において、誰に対して、何を、どうしようとしているのか（あるいはどうしてもらいたいのか）」という、"思い"や"願い"あるいは"意思"を明確に言葉で表す努力をしてほしいと思います。

第6章

安易な常套句は避ける ― 「しっかり」「ちゃんと」「すみやかに」の繰り返しは信頼を失う

Q 事故発生時、対応について記者から聞かれました。「しっかり、ちゃんと、火急的速やかに対応します」と説明したのに、「それではわかりません」と言われました。一生懸命やっているのに、どうして誠意が通じないのでしょうか？

A 安易な常套句を多用するとかえって話が不明瞭になります。なにかをごまかそうとしているように聞こえます。何をどのようにいつまでにやるのか、あるいはやろうとしているのか、具体的に話してください。

◯ 常套句の繰り返しは自信のなさの表れ

　私は、官庁や企業の経営トップや中間管理職の人々を対象にメディアトレーニング（模擬記者会見や模擬インタビューによる記者対応訓練）を行っています。そこで気づくのは、

つめが甘く発表内容に自信のないときほど、スピーカー役の人は、「しっかり」「ちゃんと」「すみやかに」「早急に」を連発します。「よりいっそうの綱紀粛正に励み」「コンプライアンスを強化し」「法令順守の徹底を図り」「誠意を尽くして」といった言葉もよく出てきます。このような言葉そのものが悪いわけではありません。使い方が問題なのです。1回のコメントのなかで繰り返して何度も使ってしまうことがまずいのです。安易な常套句を多用すればするほど、その人の言っていることは具体的でなくなり、信用できなくなります。苦し紛れに適当なことを言っているような印象を聞き手に与えてしまいます。

○ 固有名詞と数字が具体性を高める

相手に誠実に対応しなくてはならないときは、まずは安易な常套句を排除しましょう。そして、何をいつまでにどのようにやるのか、あるいはやろうとしているのか、具体的な固有名詞や数字を入れて語りましょう。

「しっかり対応します」と言いそうになったら、ちょっと考えてみてください。自分たちはいったい何をどうしようとしているのかと話の内容を整理してください。そしてそれを素直に説明しましょう。「すみやかに」は「いつまでに」、「ちゃんと」は「何をどのレベルまで」に言い換えてくださ

い。「綱紀粛正」とは「どういう行動をさしているのか」丁寧に解説してください。そうすることで、相手の理解度、信頼度ともに格段に高くなるはずです。

　もし、何も断定的なことを言えない状況ならば、「方針」を語ってください。そのときも「早期解決を目指し鋭意努力します」のような抽象的な言い方はNGです。「補償に向け、被害額の算定を始めました。現在、社員10人がこの作業に当たっており、あと3日かかる見込みです」というように、実際に何をしているのか、何のために行っているのか、何を目指しているのかということを説明してください。

○　安請負は厳禁

　ただし、根拠もないのに「何々をいついつまでにします！」と安請負をしてはいけません。どこまで何ができそうなのか見通しについての説明は必要ですが、自分たちがまったくできないことを相手に期待させるような言い方をしてはいけません。できないことは「できない」とはっきり伝えるほうが具体的ですし、誠実とみなされることもあります。

　逆に、思い切って「やります」と断言することで頼もしいと相手に思われるかもしれません。関係者も「断言してしまったんだからやらざると得ない。がんばろう」と気合を入

れるということもあるでしょう。この辺の塩梅が実に難しい。何をどこまで言及するかは、自分たちの実力と状況に照らし合わせ、判断するしかありません。

◯ あいまいな態度が一番危ない

　一つ確実に言えるのは、当事者がぐずぐずとはっきりものを言わないで、常套句を並べてなんとなくごまかそうとするのが一番、信頼を失うということです。お気をつけて。

第7章

流言飛語は避けられる ― 「あいまいさ」と「不安」を排除すればうわさは消える

Q インターネット上で流言飛語がまん延しています。何をすべきでしょうか

A 流言飛語が生まれる原因となった「あいまいさ」と「不安」の排除に努めましょう。プレスリリース、ホームページ、「ツイッター」等ソーシャルメディアを活用し、正確な情報とメッセージを伝えて下さい。

◯ ネットで一瞬にして広がった流言飛語

　2011年3月11日、地震によりコスモ石油千葉製油所のLPGタンク付近にて火災が発生しました。火災発生直後からツイッターや個人ブログ、メール等で情報が錯綜、「火災の影響で有毒物質を含んだ雨が降る」という流言飛語が瞬く間に広まりました。チェーンメールという電子メールによる伝言

で人から人へうわさが拡散しました。

　このとき広まったうわさの共通点は、①火災が発生した製油所の内部関係者あるいは近隣住民から聞いた、②火災事故のせいで有害な化学物質を含む雨が降る、③雨に濡れてはいけない、という三点でした。このうわさのせいで、東京では雨ガッパが一時的に品薄状態になるほどでした。海外にもうわさは飛び火し、私もヨーロッパの知人から「Take care and beware of the acid rain. It is dangerous.」(酸性雨に気をつけろ。危険だぞ)というメールをうけとりました。

○正式メッセージの威力
　このとき、コスモ石油はすぐに対策を打ちました。正式なメッセージを会社のホームページで発表したのです。(P.54参照)

　このメッセージが出たことによりすぐに事態は終息に向かいました。コスモ石油のコメントは新聞、テレビ、通信社等国内外のマスコミが一斉に報道しました。このメッセージはコスモ石油のホームページに掲載され、インターネットユーザーの目にも直接、触れる環境が整いました。また浦安市などの周辺自治体の公式ツイッターでも有害な雨についてのうわさは否定されました。

こうしてこの流言飛語はあっという間に消滅しました。インターネットの掲示板「２ちゃんねる」では、最初に書き込みがあってから３時間後に、コスモ石油のホームページや朝日新聞のインターネット・サイトasahi.comの記事が紹介されて、それからさらに１時間半後にこの話題は終息しました。

○　流言飛語の特徴と対策

　一般的に流言飛語の発生の条件は以下の３つだといわれています。
①重要であること
②あいまいであること
③不安であること

　そこで、流言飛語に対する対策としては以下のことが考えられます。
○あいまいさの排除
　―　正確な情報提供
○不安の排除
　―　対応策、再発防止策、前向きなメッセージの発表

　具体的な方法としては、報道機関に向けてプレスリリースを発表したり、ホームページにメッセージを掲載したり、ツイッターなどのソーシャルメディアで説明したりすることが有効です。また、タイミングを逸しないことが重要です。悪いうわさには早めに対策を打ってください。

ココロも満タンに
コスモ石油

ホーム > 千葉製油所関連のメールにご注意ください

千葉製油所関連のメールにご注意ください

2011年3月12日
コスモ石油株式会社
コーポレートコミュニケーション部 広報室

本日、「コスモ石油二次災害防止情報」と言うタイトルで不特定多数の方にメールが配信されております。
本文には「コスモ石油の爆発により有害物質が雲となりいずれ雨などどといっしょに降るといった記載がありますが、このような事実はありません。
タンクに貯蔵されていたのはLPガスいであり、燃焼により発生した大気が人体へ及ぼす影響は非常に少ないと考えております。

近隣住民の方々をはじめ、関係する皆様に多大なご迷惑とご心配をおかけしておりますことを心よりお詫び申し上げます。

【お問い合わせ先】
コスモ石油カスタマーセンター 電話:0120-〇〇〇-〇〇〇(フリーダイヤル)

以上

©COSMO OIL Co.,Ltd. All Rights Reserved.

第8章

記者会見のぶっつけ本番は命取り ― 日ごろの訓練と直前のリハーサルで備えよう

Q 事件・事故あるいは災害発生時に官庁や企業の代表者が記者会見をしますが、どうして皆、あんなに下手なのでしょうか。わかりにくい説明や資料、要領を得ない質疑応答の様子をテレビで見ていると情けなくなります。

A 記者会見が下手なのは練習をしていないからです。ぶっつけ本番、いちかばちかの一発勝負を挑むから失敗するのです。日ごろからメディアトレーニング（模擬記者会見や模擬インタビュー）を行い、いざというときは本番前にリハーサルをすれば、ずっとましになるでしょう。

○ 記者会見をやるにも訓練は必要

日本では、どういうわけかぶっつけ本番の記者会見が多いようです。知っていることを話せばいい、尋ねられたことに

答えればいいと簡単に考えてしまうからでしょう。組織のトップ、つまりえらい人になればなるほど、「自分はなんでも知っている」と思っていることが多いので、まさか自分が返答につまったり失言をしてしまったりして、記者から攻撃されるなんてことは想像もつかないのでしょう。ほかの会社や官庁の最悪な記者会見をニュースで見たとしても、「自分ならもっと上手に立ち回れる」とたかをくくっているのかもしれません。

　欧米では、記者対応の重要性を組織の幹部は皆、理解しています。そして幹部は日ごろからメディアトレーニングに励みます。本番前には必ずリハーサルをして、関係者と念入りに打ち合わせをします。一方、日本では、どういうわけかぶっつけ本番が多い。それで「ささやき女将」のように、ピンマイクを付けていることを忘れ、仲間うちでのひそひそ話が会場内に丸聞こえになってしまって失笑を買ったり、「私は寝ていないんだ」と社長が個人的な不満をぶちまけて会社を存亡の危機に陥れたり。記者対応の失敗例は枚挙にいとまがないのです。

　ぶっつけ本番の記者会見は非常に危険です。大勢の記者を前に、テレビクルーの強烈なライトを浴び、カメラのフラッシュをたかれるとほとんどの人は上がってしまいます。普

段、社員や職員の前でスピーチをしていて「人前で話すことに慣れている」と思っていても、記者会見は勝手が違い誰もが緊張します。社内でスピーチするときや、何かの式典で来賓として挨拶するときは、聞き手は皆お行儀よく黙って聞いてくれます。スピーカーが多少つじつまが合わないことを言っても、「さっきと話がちがうじゃないですか。もう一度説明しなおしてください」と堂々と要求する人はいません。スピーカーが少々ドジなことをやったとしても、聴衆はにこやかに拍手で見送ってくれるでしょう。ところが記者はまったくちがうのです。

　まず、記者会見場にスピーカーが入っていったときの記者の表情や態度が違います。キッとにらんだり、「遅いぞ」「いつまで待たせる気か」とどなったりするかもしれません。日ごろ周りからちやほやされている組織のトップは、それだけで度肝を抜かれてしまうでしょう。また、当然のことながら記者はスピーカー側の不手際に厳しい。「遅い！」「声が小さい！」「聞こえにくい！」「資料がそろっていない！」「説明がわかりにくい！」「回答が質問の答えになっていない！」と、不手際の一つ一つが抗議の対象となります。

　さらに悪いことに、記者対応に不慣れな企業や官庁のトップは、テレビや新聞で批判的な報道をされると、自分のこと

は棚に上げ「記者が不勉強だ」「マスコミが悪い」「記事やテレビニュースを鵜呑みにする読者・視聴者のレベルが低い」とすぐ他人のせいにしてしまいます。これでは進歩がありません。まず、スピーカー側つまり当事者が努力して改善できるところは改善しましょう。

◯ メディアトレーニングは効果絶大

　記者会見での失敗を減らす方法が二つあります。第一の方法は、平時にメディアトレーニングを受けるということです。メディアトレーニングとは、記者会見やインタビューの実物大実験です。予行演習と考えてください。想定シナリオに基づき、スピーカー役が発表を行い、記者役が質問をし、スピーカー役が答える。その様子をビデオで撮影、録画し、スピーカー役がそれを見て、悪いところを直す。トレーナーからアドバイスも受ける。というシンプルなトレーニングです。

　私は年間50回以上、全国の企業や官庁の幹部を対象としたメディアトレーニングを行っています。トレーニング受講者の感想で一番多いのは、「自分の改善点が初めて理解できた」ということです。自分が話している様子をビデオで見て、「あんなふうでは記者を納得させられない」ということに気づくのです。そして、「もっとこうしたほうがいい」と

> # メディアトレーニングとは
>
> - メディアトレーニングとは記者会見やインタビューの予行演習
> - なぜメディアトレーニングが必要か
>   - 不祥事はめったに起きないので誰もが経験不足
>   - スピーカーが緊張のあまり失態をしでかすことはよくある
>   - 記者は、相手の動揺や説明の矛盾を見逃さない
>   - スピーカーと記者がクライシスという異常事態でいきなり対面すると、誤解が生じる可能性が大いにある
>   - そこでススピーカーは、事前のメディアトレーニングで"場慣れ"しておくほうがよい

いうことが自然と理解できるようになります。

○ ロールプレイで記者の思考回路を疑似体験

　メディアトレーニングでは、本来、発表者側のスピーカーとなるべき人が立場を変えて記者として質問をする役をやることもあります。そうすることで記者の思考回路が理解できるようになります。「なぜ、あんな意地悪な質問が思いつく

> # メディアトレーニング　模擬記者会見
> ## グループ討議
>
> メディアトレーニング風景　―　想定シナリオをもとに討議
>
> 写真撮影：岡崎紀子氏

のか」理由がわかるようになります。スピーカーの説明の矛盾に気づき、記者としてつい質問をしたくなります。そして、要領を得ない説明を聞いているうちにいらだちさえ感じてきます。「なるほど記者はこんなふうに感じているのか」と、記者の気持ちが手に取るようにわかるようになります。このように記者の考え方や感じ方を理解することで、本番での失敗が防げます。記者に余計なストレスや不信感を与えない話し方ができるようになります。

○　直前リハーサルで最終確認

　記者会見の失敗を防ぐもう二つめの方法は、本番前にリ

メディアトレーニング　模擬記者会見実施

メディアトレーニング風景　—　模擬記者会見を撮影

写真撮影：岡崎紀子氏

ハーサルをすることです。マイクの使い方、立ち位置、座り方、お辞儀の仕方、説明、質問への回答、退出時の動線等々実際にやってみて初めてわかることがあります。うまくいかないところがあれば、繰り返し練習しましょう。このように実地で練習することで、記者会見全体の流れが理解できるようになります。また、リハーサルで自分たちで用意した資料の不備なども発見でき、事前に手を打てます。結果的に落ち着いて本番に臨めます。

メディアトレーニング　模擬記者会見
レビュー（録画再生）

メディアトレーニング風景　—　録画再生

写真撮影：岡崎紀子氏

　このように、記者に対面するときは、最善の努力と準備をしてください。そうしないと、自分の本来の能力は発揮できません。

○　日ごろの訓練は最善の備え
　話は変わりますが、私はつい最近、消防団に入団しました。

メディアトレーニング　模擬記者会見
講評、ディスカッション

メディアトレーニング風景 ― 講評とディスカッション

写真撮影：岡崎紀子氏

究極のリスクマネジメントである消火活動を学ぶため、そして地域社会への貢献のためです。入団してまず驚いたのは皆、熱心に訓練を行うことです。消防団にはポンプ操法大会というコンテストがあって、毎年、地域毎の消防団が技を競い合います。大会前には何ヶ月もかけて集中的に訓練を行います。本職の消防署員と違って、一般人からなる消防団員が実際にポンプを使って消火にあたることはそれほど多くはないはずです。それにも関わらず、消防団員は練習を繰り返します。めったに起きないことのために平時に備える。リスク

消防団ポンプ操法大会

消防団ポンプ操法大会

写真撮影：宇於崎裕美

マネジメントの基本ですね。事件・事故対応としての記者会見もめったにないことですが、日ごろからメディアトレーニングを通して訓練することが当たり前になればいいのにと私は思います。

第9章

答えにつまったときの対処法 ――
正直になる

Q 事件・事故あるいは災害が起きたとき、報道関係者や取引先、地域住民からの問い合わせが来ますよね。しかし、どうしてもわからないことや、答えを知っていても答えられない事情もあると思います。そんなときはどうすればよいでしょうか。

A 答えにくい質問、答えられない質問に対しては「わかりません」、「お答えできません」とはっきり言っていただいてけっこうです。ただし、その理由も説明してください。

○ 「わかりません」と言ってはいけないのか

企業や官庁などでの研修で、模擬記者会見実習を行うと、記者役からの質問に答えられず、脂汗を流して苦しむスピーカーによく出会います。「まさかそんな質問がくるとは」と動揺し、「わかりません」と言ってもいいのか、だめなのか

と迷っているのです。

　記者だけでなく、地域住民や消費者など組織を取り巻くステークホルダー（利害関係者）から受けた質問に充分な回答を準備できていないときはどうすればよいでしょうか。

○　わからない、知らない、言えないことも「立派な情報」

　答えは簡単です。「わかりません」「知りません」「お答えすることができません」と正直に答えればよいのです。ただし、それが事実ならば、という条件つきです。うそをついて知らないふりをせよと言っているわけではありません。言うまでもなくうそはいけません。しかし、当事者にもわからないということが事実ならば、それはそれで情報の一つなので、他人に伝える価値があるということです。

○　わからない、知らない、言えないには「理由」がある

　このとき、知らない、わからない、あるいは答えられない理由の説明も必要です。当たり前のことですが、当事者が知らなかったり、わからなかったりするときにはそれなりの理由があるはずです。それを正直に説明してください。

たとえば、「申し訳ありませんが、まだ調査が終わっておらず、事故原因は判明しておりません」、「検討中で結論がまだ出ておりません」と現在の状況を説明してください。もし、本来ならば当然知っているべき数字や固有名詞などをうっかり失念してしまったときは、どうすればいいのでしょうか。そんなときも正直に「誠に申し訳ございませんが、度忘れしました。後ほどお伝えします」と言ってもかまいません。それではあまりに恥ずかしいということであるならば、「手元にデータがありません。後ほどお送りします」と、とにかく自分が答えられないことを早く伝え、その質問から離れましょう。無理にその場で思い出そうと汗をかいて苦しまなくていいのです。時間の無駄ですし、へんなところで悩ましい顔をしていると、何かを隠しているのじゃないかと記者に誤解されるおそれがあります。

　ときには、答えを知っていても言えない場合もあるでしょう。そんなときは「申し訳ありませんが、私はお答えする立場にありません」と、自分がどういう立場で権限には制限があると正直に伝えればいいのです。

○　基準を明らかに

　以前、メディアトレーニングで私が訪れたある組織には、論理的かつ実際的な情報公開ルールがありました。職員が逮

捕され、警察が逮捕者の氏名を発表したとしても、自分たちからその職員の氏名を発表しないというのです。職員が逮捕されるような事件・事故が発生したという事実発表はしても、誰が逮捕されたかは自分たちからは公表しないということです。逮捕段階では有罪なのか無罪なのか確定していないからというのがその理由です。誤認逮捕や冤罪のおそれもあるので、その組織の内部規則では、「裁判で有罪が確定するまでは、職員の氏名を公表しない」ということになっているそうです。もし、新聞記者などから逮捕された職員の氏名を明かせと迫られたときには、そのことを説明すればよいのです。明快ですね。

ただし、それで記者が満足するかどうかは別問題です。怒り出す記者もいるかもしれません。まずいのは、その場の雰囲気に押されて「つい、うっかり、規則に反して氏名を明かしてしまう」ということでしょう。押しの強い記者に屈しない精神力が必要となってきますね。

○ 部分最適は全体最悪を招く

失敗学[注]では「部分最適は全体最悪を招く」とよく言わ

注) 失敗の特性を理解し、不必要な失敗を繰り返さないとともに、失敗から人を成長させる新たな知識を学ぼうという学問。

れます。目先のことにとらわれて、その場その場で適当にやっていると全体として大きなゆがみが生じて、さらに大きな失敗につながるということです。これはクライシス・コミュニケーションでは非常に意味のある警告といえます。記者会見において、その場をなんとか切り抜けることだけに一生懸命になって、適当なことを言ってしまうと、あとで取り返しのつかないことになりかねません。全体として情報の整合性がとれなくなってくるおそれがあります。

○　しつこく質問される原因は当事者にある

　また、あるときはここまで明かし、別のときには明かさないというのも困ります。企業や官庁の幹部の皆さんが好きな言葉に「ケースバイケース」というのがあります。「それについてはケースバイケースで対応します」とおっしゃることが多いようです。臨機応変ということなのでしょうが、事件・事故など不祥事が起こったときの記者対応としては非常に危険です。明確な基準がないまま、押しの強い記者には明かし、そうではないときはだんまりを決め込むということをしていると、記者からの質問攻撃はますます激しくなります。強く押せば教えてくれると思われてしまうからです。

　断っても、断っても取材申込や質問が耐えないという状況は、実は当事者の過去の記者対応の優柔不断さが原因である

可能性があります。記者から"脇が甘い"組織だと思われているのです。そんなことにならないよう、情報公開基準をまずは作り、それを忠実に守ってください。

第10章

泣く、土下座はご法度 ―
トップの涙や土下座は大ニュース

Q 謝罪会見のときに、社長が泣きながら土下座しました。なのに、事態は終息するどころかえってマスコミで大騒ぎになってしまいました。あんなに謝ったのに、なぜでしょうか？

A 土下座したり泣いたりするような大げさでドラマチックな行動は、報道陣にとっては絶好のシャッターチャンスです。衝撃的な映像なので、それだけで大きなニュースになります。記者やカメラマンの前では、冷静さを保つ努力をしてください。

◯ かっこうのネタ

2011年春、食中毒事件を起こしてしまった焼肉店チェーンの社長が、大勢の報道陣を前に土下座をし、「芝居がかっている」と揶揄されました。その日のニュースはもちろん、それから二、三週間は、TVのワイドショーやスポーツ紙、週

刊誌で彼の「土下座特集」が組まれるほど、おかしな方向で盛り上がりました。

○ 記者会見は感情をぶつける場ではない

実際の被害者や遺族と対面したとき、感極まってつい涙がこぼれたり、地面に額を擦りつけて平にお詫びしたい気持ちになったりすることはあるだろうと想像します。それで相手に誠意が伝わることもあるでしょう。被害者や遺族への最大限の謝罪の仕方として、あるいは感情の素直な表出として、泣くこともあるいは土下座してしまうことも私は否定しません。

しかし、社会全体に対し説明責任を果たさなくてはならない記者会見で、同じことをしてはいけません。なぜなら、記者会見のような公の場では冷静に振舞うことが要求されるからです。記者会見は、当事者の感情をぶつける場ではなく、当事者が正確に事実について報告し社会に対してメッセージを表明する場だからです。

それに、大人が泣いたり土下座したりしている様子はたいへん珍しいですよね。もしそんなことを大勢のカメラマンの前でやってしまうと絶好のシャッターチャンスを提供したようなものです。その珍しい映像だけでニュースになり大々的

マスコミ対応べからず集

×「ノーコメント」と記者を突っぱねる
×記者を締め出す、門前払いする
×複数の職員や社員がばらばらに答える
×質問に思いつきで答える
×憶測を語る
×業界ではあたりまえのことだからと説明を省略する
×専門用語、外国語を多用する
×記者と感情的に対立する
×記者と議論する
×説明せずにやみくもに謝る
×泣く、座下土する
×すわったまま謝罪する
×頭だけぺこりと下げる
×責任転嫁する
×「他もやっている」と開き直る
×照れ笑いでごまかそうとする
×「法的には問題ない」ことを強調する
×うそをつく
×「これはオフレコだから」と未確認、未決定事項を話す

に報道されてしまうのです。また、事故原因や対応策などについて充分な説明をしていない段階で、泣いたり土下座したりすると、「これで勘弁して、手加減して」と言っているように勘違いされる危険性もあります。その結果、「見え透いたことをする」と人々の怒りの火に油を注ぐことにもなりか

> ## 謝罪記者会見での服装・身なりNG集
>
> ×華美な服装
> ×過剰なアクセサリー
> ×派手なめがね
> ×汚れやしわが目立つ服
> ×ラフな普段着
> ×ぼさぼさ髪、乱れ髪、奇抜なヘアスタイル
> ×無精ひげ（男性の場合）
> ×厚化粧（女性の場合）
> ×ほころびたストッキング（女性の場合）
> ×ずり落ちた靴下や短すぎるズボン（男性の場合）
> ×汚れた革靴
> ×一目でわかる高級腕時計
> ×わざとらしい作業服や白衣（"演出"はＮＧ）
> ➡ 基本は「誠実さ」と「清潔感」

ねません。

○　トップには冷静さが求められる

　事件・事故の当事者になってしまい、記者会見など公の場で謝意を示さなくてはならないときは、冷静に言葉で気持ちを表現してください。そして静かに「申し訳ございません」と頭を下げてください。謝意だけではなく、「自分たちの責任は何であり、誰に対して何がどう申し訳ないのか、どのよ

記者会見での謝罪

- 対象は誰か
  - 報道陣の向こうの読者・視聴者
  - 目の前の記者やカメラクルーではない
- 裁判になったときに不利になるか
  - 会見で謝罪しても法的にすべての責任を認めたことにはならない

うに責任をとるのか」具体的に言葉でメッセージを伝えてください。くれぐれも取り乱すことがないよう、気持ちを強く持っていただきたいと思います。

第11章

謝罪会見に正解はあるか ─
正解パターンはない

Q 事件・事故あるいは災害発生時、謝罪記者会見の失敗例ともいうべき、情けない記者会見をニュースでよく見ます。もし、「記者会見の正解」があるのならそれを教えてください。

A 残念ながらいつでもだれにでもどんなケースにも当てはまる「正解パターン」はありません。でも、「成功の秘訣」はあります。それは「合理的に考えること」、「逃げないこと」そして「スピード」です。

○ 形だけのやっつけ仕事ではダメ

以前、企業の不祥事会見のことについて、新聞記者に聞き込み調査をしたことあります。そのとき、ある全国紙の記者から「最近、企業のトップの謝り方が皆、同じなのは興ざめ。これだけやってマスコミをやり過ごそうという意図が見え隠

れして不快」というコメントがありました。

　記者会見の形だけにこだわっていると、こんなふうに言われてしまいます。あれしてこれして次に頭を下げて…と会見の流れだけを必死に追っていると、やっつけ仕事をやっているように見えてしまいます。上手なポジション・ペーパーの書き方やスマートな記者会見のやり方はあります。しかし、あまりにもテキパキと式次第をこなしていると、心がこもっていないと勘違いされてしまう危険性があります。

○　想定問答集の丸暗記はキケン

　私は2011年6月28日、東京電力の第87回定時株主総会に行ってきました。東日本大震災と福島第一原子力発電所事故の後の初の株主総会ということで、会場には過去最多の1万人近い株主が集まっていました。原発事故対策についての質問や、一部の株主から出された脱原発議案もあり、会場全体が殺気立ち、怒号が飛びかい異様な雰囲気でした。

　広報コンサルタントの立場でこの株主総会についての感想を述べたいと思います。原発の是非、東電の事故対応の評価については、本書のテーマではないのでここでは触れません。あくまでクライシス・コミュニケーションの一環としてのこの株主総会について、私が観察したことを紹介したいと

東京電力株主総会
2011.6.28

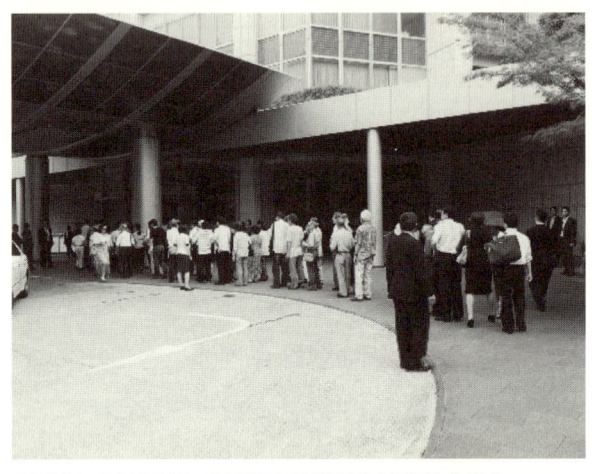

2011年6月28日　東京電力の第87回定時株主総会
会場になったホテル入り口の長蛇の列

写真撮影：宇於崎裕美

思います。まず、印象に残ったのは、①東電側の想定問答集がよく準備されている、②議長の会長以下東電役員が落ち着いているという二つのことでした。

「あなた方、原発事故の責任を感じているのなら原子炉に飛び込んで死んでください」というような非常に厳しい意見

東京電力株主総会
2011.6.28

2011年6月28日　東京電力の第87回定時株主総会
詰め掛けた報道陣と警官、警察車両

写真撮影：宇於崎裕美

や、「壇上の役員の皆さん、一人ずつ自分の役員報酬額をここで言ってください」というような答えにくい質問がたくさん出たのですが、役員はうろたえることなく落ち着いて対応していました。でも、それが裏目に出て「反省しているように見えない」との意見も来場者からでてしまいました。うろたえてもいけないし、かといってあまりに落ち着き払っていても回りに好印象を与えないし、、、やはり、不祥事の説明と

いうのは難しいものです。

○ トップはタフでないと

　数年前、某赤字百貨店の株主総会に出たとき、株主の追及があまりに厳しいので社長が絶句してしまった場面に出くわしたことがあります。「こんな駅から遠いホテルで株主総会を行うとはどういうことか？株主に集まってほしくないからこんなことをしたのか？」というある株主の質問に、社長は「当社の株主総会はいつもこのホテルで開催しています。去年もここでした。それで今年も同じホテルで開催したのです」と答えました。それを聞いた質問者は烈火のごとく怒り「いつも同じことばかりしてきたから、こんなに赤字になったんじゃないのか？！」と鋭い突っ込みをいれました。この突っ込みに某百貨店の社長は一言も返せず、数分間ひたすら下を向いて脂汗を流していました。反省していることは見て取れましたが、いかにも頼りなく見えました。こんな社長で大丈夫かと不安に思ったものです。

　その点、今回、私が出席した株主総会での東電役員は皆、肝がすわっていました。何を言われてもひるむことはありませんでした。役員間で回答の分担が明確に決まっているようで、どんな質問が出ても、会長は迷うことなく担当役員を指名し、指名された役員は淀みなく答えていました。また、当

事者にとっていやな質問は会長自らが引き受けていました。このあたりの采配は、(私がこんなことを申し上げるのは失礼ですが) なかなかのものでした。

○ 要領が良すぎても
　私は株主総会でも記者会見でも、当事者は質問に精一杯答えるべきだと考えます。壇上でスピーカーは、取り乱さずに気丈に振舞うべきだと思います。でも、練習しすぎて事前に用意した想定問答集どおりに早口で答えてしまっては、心がこもっていないと見られてしまいます。

　東電の株主総会でも、淡々と回答をこなす役員の様子は必ずしも株主によく思われてはいませんでした。「あー言えばこー言う」というふうに受け取られたのかもしれません。

○ すべての人を満足させるのは無理
　個人対個人の議論や個別の事故補償とはちがい、組織対不特定多数のコミュニケーションにおいては相手を全員100％満足させることを目指しても無理です。事件・事故あるいは災害などの危機発生時は特にそうです。クライシス・コミュニケーションの対象となる人々にはそれぞれの立場があります。企業や官庁の説明に理屈では納得できても立場上、同意できないということがあるでしょう。あるいはどうしても感

情的に収まらないということもあるでしょう。

よって、多くのステークホルダー（利害関係者）を対象としなくてはならないクライシス・コミュニケーションにおいては、ある程度のあつれきは仕方がないのです。謝罪会見では、「どんなにうまく説明しても自分たちは無傷ではいられない」ことを覚悟していただきたいと思います。でも、傷を小さくすることはできます。

○　自分たちの主張と相手の期待を冷静に比較

クライシス・コミュニケーションを行う際には、まず自分たちの主張あるいは相手に最低限理解してもらわなくてはならないポイントを明確にしてください。次に、ステークホルダーが抱いているであろう"期待"を冷静に洗い出し、両者を比較してください。そこにギャップがある場合、後々噴出するであろうステークホルダーの"不満"の大きさを論理的に予測してみてください。

○　ギャップをどこまで埋めるのかを合理的に判断

自分たちの主張と相手の期待のギャップをどこまで埋めるのかは、単に資料の作り方とか記者会見のやり方とかの問題ではありません。その組織の経営戦略上の問題です。その組織の存在意義を見つめなおし、その組織が今後も存続するた

めには、今、何を主張するのが合理的なのか考えてみてください。

一時的な損失が出ることは覚悟のうえでステークホルダーが求めることをとことん実現しようとすることが、長い目で見ると組織のためになると判断し、そのように謝罪会見でも発表するという選択はあります。

逆に、どうしても相手の期待とのギャップを埋められないというならば、相手の不満は受け止めねばなりません。マスコミからのバッシングを覚悟することも必要でしょう。「あえて批判を受ける」という選択肢も、場合によっては組織運営上、合理的かもしれません。

◯　逃げてはダメ

一番困るのは、さしたる考えもなくただマスコミや世間が「こわいから」「いやだから」と、逃げ隠れすることです。事件・事故あるいは災害時にだんまりを決め込んだり、ぐずぐずと発表を先延ばしにしたりするのが一番あぶないことです。「社長がマスコミ嫌いで・・・」「口ベタなもので・・・」という理由だけで説明責任を放棄してしまい、問題を自らの手で大きくしてしまった企業は過去にいくらもあります。「ほんとうのことを言うとパニックが起きる」との思い込み

から、災害時に地域住民がさらされている本当のリスクを正直に発表せず、そのことを後で非難された行政組織も存在します。防災システム研究所所長の山村武彦氏が著書「人は皆『自分だけは死なない』と思っている」(宝島社) のなかで述べているように「怖いのはパニックではなく、パニックを恐れる人たちが引き起こす情報隠しである」のです。

○スピードが命

　本書で再三、申し上げているとおり、事件・事故あるいは災害時にいちばん必要なのは「スピード」です。動きが遅いこと自体、世間やマスコミの攻撃対象になります。やみくもに発表を遅らせて、当事者自らが新たな批判の対象を作り出すことはありません。

第12章

誤報されたときの対処法 ―
泣き寝入りはしない

Q 事故を起こしてしまい、謝罪記者会見をしました。しかし、翌日の新聞で、発表内容とは違うことが報道されてしまいました。どうしたらよいでしょうか？

A 間違った報道をした新聞社にすぐに連絡し、取材をした記者あるいはその上司のデスクや編集長に、どこがどう違うのか知らせてください。そのとき、新聞社側と言い争いをしてはいけません。冷静に説明してください。

○ 誤報の原因の多くは記者の勘違い

　事故に限らず、何かを発表したとき誤報されてしまう危険性は常にあります。なぜ間違った報道をされてしまうのでしょうか。一番多いのは記者の勘違いです。記者はわざと間違えたわけではありません。うっかり勘違いをすることがあ

るのです。普段のビジネスシーンでも相手に勘違いされたり、自分が勘違いしたりすることはたまにありますよね。それと同じようなことが取材現場でも起きるのです。

○　日ごろのPR不足も原因

　記者が勘違いをする理由は、当事者によるPR不足です。当事者のPRが足りないから、取材に来た記者が当事者を取り巻く環境や事情を知らず、緊急記者会見などで提供された限られた情報だけでは理解が浅く、結果的に報道に偏りが出てしまうということになるのです。つまり、記者のせいではないのです。こんなことを研修で申し上げると、決まって出てくるのは「勉強不足の記者が悪い。取材の前に記者はその会社や業界、地域のことを調べるべきだ」というご意見をいただきます。確かに礼儀からいうと、記者のほうが事前によく下調べをしてから取材先に出向くべきなのでしょう。しかし、実際にはそれはほとんど不可能なのです。なぜなら、事件や事故そして災害などは突然起きるからです。

　記者のほうでは、予備知識のないまま現場にかけつけなくてはなりません。記者会見などで取材をしたあとは、原稿の締め切りがせまっていて、充分、チェックができないまま原稿を書き上げなくてはならないという状況にあります。

事件・事故そして災害などの不祥事は突然起きることと、新聞もテレビも報道関係者には締め切りがあることは変えられません。記者の心がけでどうにかなる問題ではないのです。

　とすると、誤報をされて困る方、つまり当事者のほうで何か手を打たねばなりません。

○　誤報を生む環境要因は発表者側の努力不足
　記者が勘違いをしてしまう理由としては、発表者の説明がわかりにくい（結論を先に言わない、専門用語を使いすぎる等）ということまず挙げられます。あるいはふだんのPRが足りなくて、記者側に予備知識が無かったことなども考えられます。誤報をされてしまったほうは、「記者が嫌がらせをしてわざと違う報道をしたのではないか」と邪推しがちですがそうではありません。誤報を生む環境要因は発表者側の努力不足だと私は考えます。

○　間違いは直ちに連絡
　理由はなんであれ、誤報をされてしまうと当事者である企業や官庁にとっては大迷惑です。そこでつい感情的になって、記者や新聞社、テレビ局などに「文句」を言いたくなるでしょう。が、ぐっと我慢をしてください。マスコミとけんかをしてしまうと、事態はますます悪い方へ向いてしまいま

す。間違えたのは記者のほうだとしても、その危険性を見逃してしまったのは発表者側の失敗だと、謙虚に捉えたほうが賢明です。

 そして、間違った報道をした新聞社など報道機関にすぐに連絡し、取材をした記者本人あるいはその上司のデスクや編集長に、どこがどう違うのか知らせてください。

 誤報をされたときに、新聞社やテレビ局、あるいは雑誌社に連絡するのは、「お詫び」や「訂正報道」をしてもらうためではありません。誤報の連鎖を防ぐことが第一の目的です。一つの誤報により、誤った認識が世に広まり次の誤報の原因になることがあります。その誤報の連鎖は早めに断ち切らなくてはなりません。

 間違いを指摘された記者や新聞社は「次からは注意しよう。確認作業はもっと丁寧に行おう」と慎重になります。また、場合によっては続報により軌道修正をしてくれることもあります。そして、「あそこは報道をよく見ている。チェックが厳しい」と一目置いてくれるようになります。

○ マスコミに頼らず、自分たちでできる名誉回復術

　企業や官庁自身による名誉回復術もあります。自分たちのホームページやツイッター、フェイスブック等インターネットの交流サイトで「○月○日、このように報じられましたがそのような事実はありません。実際はこうです」と、表明するのです。これは、新聞などに「訂正記事」を出してもらうより効果的です。今はインターネットが普及しているので、新聞やテレビで事件・事故を知った人の多くがすぐに当該組織のホームページを検索して真相を確かめようとします。ツイッターやフェイスブックでも当事者のコメントを確かめようとします。ネット上に「実はこういうことなんです」という情報を載せておけば、自分たちの主張や事実関係を一般の人々に直接広く伝えることができます。

　ネットで主張を展開するときにも注意が必要です。誤報をしてしまった記者や報道機関の悪口はぜったいに載せないことです。誰かの悪口をホームページに載せてしまうと、それを見た人からは「狭量」「大人げない」と思われます。かえって自分たちの品位を傷つけてしまうことになりますので注意してください。

　誤報をされてもされなくても、報道機関各社とは事態終息

後も付き合いは続きます。よって、関係を決定的に壊すような言い争いは避け、その後に続く良好な関係を保ちましょう。

第13章

不祥事発生時には最低限、何を用意すればよいのか ― ポジション・ペーパーと想定問答集とFAQ

Q 事件・事故あるいは災害時、記者や消費者、地域住民などに事態を説明するにはまず何をすればよいでしょうか。何から手をつければよいのか見当がつきません。

A 最低限の資料として、「ポジション・ペーパー」を作ってください。ポジション・ペーパーに必要な要素は①何がおきたか（現状）、②なぜ起きたか（原因）、③今どうするのか（対処、補償）、④将来どうすればよいのか（再発防止策）の4点です。次に想定問答集を作ってください。さらに、その中から頻繁に聞かれるであろう質問（FAQ）とその回答を抜き出してください。

○ 誰もが知りたい客観的事実

事件・事故あるいは災害などが起こったとき、人々が知りたいことは①何がおきたか（現状）、②なぜ起きたか（原

因)、③今どうするのか（対処、補償）、④将来どうすればよいのか（再発防止策）です。当事者の立場で、これらについて"現時点で言える確実なこと"を簡潔にまとめたものが、「ポジション・ペーパー」です。

「ポジション・ペーパー」のポジションとは立場のことです。ペーパーはふつう紙のことですが、ここでは論文とかレポートという意味です。つまり、ポジション・ペーパーは当事者の立場を示した報告書です。「お詫びの手紙」ではありません。ポジション・ペーパーは客観的事実を知らせるための資料です。

客観的事実は、報道関係者だけではなく地域住民、取引先、消費者等すべての人が知りたいことです。しかし、客観的事実を口頭で説明しようすると非常に難しい。当事者があがってしまって正確に説明できないかもしれないし、相手も勘違いするかもしれません。あとで「言った」「言わない」という問題が起きがちです。そこで、ポジション・ペーパーという文書にまとめてそれを相手に見せれば、言いたいことは正確に相手に伝えられます。

○　ポジション・ペーパーの形
　ポジション・ペーパーには、決まったフォーマットという

のはありません。入れるべき項目は、前出の四つのポイントです。もう一つ大事なことは短くまとめるということです。Ａ４　１枚という文章量が理想的です。なぜかというと、当事者でない外部の人がパッと見てすぐに理解できる情報量の限界がＡ４　１枚だからです。外部の人が10枚、20枚の長い文書を渡されても最後まで読みきれないかもしれません。常に原稿の締め切りに追われている記者は特にそうです。また、枚数が多くなればなるほど、どこがポイントなのかわかりにくくなります。結果的に読み手が誤解してしまう危険性が増します。一方、Ａ４　１枚程度の文書ならば、ポイントもわかりやすいし誤解も生じにくいので安全です。

　ご参考までに私が経験的にいいと思うポジション・ペーパーのフォーマットを次に記します。それぞれの組織で工夫して独自のフォーマットを作ってみてください。あらかじめフォーマットを用意しておけば、いざというとき形式のことで悩まなくて済みます。

ポジション・ペーパーの例

報道関係者各位

200〇年〇月〇日　13時30分
株式会社△△△製作所

関東工場における火災事故について

本日、午前10時15分ごろ、当社関東工場製造ラインで火災が発生しました。
状況について下記のとおりお知らせします。

1）現状
〇火災の経緯：
200〇年〇月〇日
10時15分ごろ関東工場製造ラインで火災を発見
10時17分　　　　　　　△市消防へ通報、関係各所に連絡
11時25分　　　　　　　鎮火確認

〇火災の影響：
死傷者、負傷者：無し
大気への影響：無し
水質への影響：無し
工場の被害状況：現在、調査中です。
　　製品出荷への影響：一部の製品の納期が最大1週間程度遅れる可能性があります。

2）原因
△市消防署と警察により現在、調査中です。

3）対策
地域住民に対しては、公設消防に広報活動について協力を依頼するとともに、
現在、工場責任者が周辺地域の自治会会長宅を回り、火災のお詫びと状況報告
を行っています。製品納品先には、本社営業担当が本日午後、個別に状況説明
を行い、代替品の手配について提案を行う予定です。

4）再発防止策
本日12時、当社代表取締役社長XXXXを委員長とする事故調査委員会を立ち上げました。
今後、外部有識者にも委員会への参加を要請し、原因が判明次第、再発防止策を
検討する予定です。

本件に対するお問い合わせ先：
株式会社　△△△製作所　広報部　担当　〇〇〇〇
電話：111-1111-1111　　FAX：111-2222-2222
e-mail：ABC_1234@△△△.com

> # ポジション・ペーパーのポイント
>
> ・必要な要素
>   発表者名
>   日時
>   問い合わせ先
>   件名
>   皆が知りたい4つのこと
>   ①何が起きたか（現状）
>   ②なぜ起きたか（原因）
>   ③今どうするのか（対処、補償）
>   ④将来どうすればよいのか（再発防止策）
>
> ・情報量
>   A4　1枚に収まる程度

○　未定、不明事項もそのまま記入

　ポジション・ペーパーを作るとき、悩むのは、②なぜ起きたか（原因）、③今どうするのか（対処、補償）、④将来どうすればよいのか（再発防止策）のほとんどが、不明あるいは未定であるときです。そんなとき、まじめな組織人がつい考えてしまうのは、「詳細がはっきりするまで、待ったほうがいいんじゃないか」ということです。「よその人にお見せするのなら、きちんと調べて充分検討し結論が出てからでないとまずい」と考えがちです。ですが、非常時には「スピード」が何より求められるので、この考えは捨ててください。

「未定」「不明」「調査中」「検討中」ならば、そのことをそのままポジション・ペーパーに記入していいのです。「未定」や「不明」となっていてもいいので、大事な4つのポイント、①何がおきたか（現状）、②なぜ起きたか（原因）、③今どうするのか（対処、補償）、④将来どうすればよいのか（再発防止策）に"触れて"ください。そしてそれを「○月○日○時現在」の状況として、発表してください。

記者にとっても、消費者や地域住民、取引先にとっても「現時点で不明」ならばそれはそれで重要な情報で、知るだけの価値があります。わからないならわからない、決まっていないなら決まっていないとはっきりと正直に伝えたほうが、周囲もなにかしら手の打ちようがあります（これは、周囲の人が許してくれるとか満足してくれるということではありません。念のため）。周囲の人々にとって一番困るのは当事者がぐずぐずといつまでも黙っていることなのです。

○　ポジション・ペーパーは更新が必要

事件・事故あるいは災害の発生から時間が経てば、当然、状況も変わっていきます。それに伴い、ポジション・ペーパーも更新します。第2、第3のポジション・ペーパーを作り、そのたびごとに、改めて発表します。

> ## ポジション・ペーパーの特性
>
> ・客観的事実を時系列に示し、組織側の対応プロセスや主張を簡潔にまとめたもの
> ・問い合わせに対し、ポジション・ペーパーを示すことで情報を統一し、整合性を保つことができる

○ **ポジション・ペーパーの活用法**

　ポジション・ペーパーは記者会見のとき、スピーカーのためのスピーチメモになります。そのままコピーすれば記者への配布資料にもなります。ホームページに掲載したり、ツイッターやフェイスブックに書き込んだりすることもできます。住民説明会などで、直接配布することもできます。あるいは社員・職員への説明資料にもなります。ポジション・ペーパーは非常に汎用性のある便利な資料なのです。

○ **想定質問を洗い出す**

　ポジション・ペーパーを作る過程で、何が不明かがだんだんわかってくると思います。「あれ、これはどうなっているんだろう」という疑問がわいてきます。それはそのまま、記

者や地域住民、取引先など外部の人も抱く疑問です。忘れてしまわないうちに書き留めていきましょう。それが想定問答集の質問項目になります。

クライシス・コミュニケーション研修などで、ときどき受講者から「記者から質問されそうなことがわからない」という相談を受けることがあります。あまりにも長く専門的な業務に携わっているために、部外者の感覚がわからなくなっているのでしょう。そんなときは、自分たちで作ったポジション・ペーパーの原稿を、組織内のほかの部署の人に見てもらうといいと思います。同じ職場でも、担当が違うと予備知識がないため、ポジション・ペーパーの内容が理解できず、いろいろなことを質問してくれるでしょう。あるいは、組織外の一般の人々と同じような感覚を持っている新入社員や新入職員に聞いてみるということもおすすめします。

○ 回答を準備する

想定質問が出尽くしたら、次に回答を準備します。そのとき、時間をかけすぎてはいけません。すべてが判明するまで待っていてはいけません。クライシス・コミュニケーションでは「スピードが命」なのです。「不明」や「未定」事項はそれをそのまま回答としてください。ただし、理由も入れてください。なぜ、現段階で不明あるいは未定なのか、調査が

まだ終わっていないのか、検討中なのか、説明をお願いします。また、わかっているけど、それを外部に漏らしてはいけない場合は、「お答えできません」と回答を入れてください。その場合も理由が必要です。「内部規則で公表が禁じられています」という場合もあるでしょうし、「被害者の個人情報です」ということもあるでしょう。

◯ 想定問答集の活用法

こうしてできた想定問答集は、幹部はじめ関係者全員で共有してください。外部から質問されたときのためだけでなく、組織内で認識を統一するためにも使えます。

◯ FAQを抽出する

FAQとはfrequently asked questionの略で「頻繁に聞かれる質問」ということです。

想定問答集のなかから、誰もが疑問に思うことを抽出してください。代表的なもの、数問程度でけっこうです。

◯ FAQとその回答の活用法

想定問答集は内部資料ですが、FAQとその回答は外部に示すものです。ホームページやパンフレットあるいは顧客へのお詫びレターなどにFAQとその回答を掲載します。そうすることで、多くの人の疑問に一挙に答えることができます。

第14章

事態終息後にやるべきことは ─ 未来を見すえたメッセージ発信

Q 事件や事故、災害が終息した後に必要なことはなんでしょうか。

A 未来を見すえたメッセージ発信です。たとえ、当事者が責任を厳しく問われ非難を受けていたとしても、萎縮してはいけません。事態終息後、長い間、沈黙のままではいけません。事業の復旧・復興と信頼回復に向けて努力していることを積極的に伝え、組織の存続と発展に努めましょう。

○ 黙っていてはわからない

　事件や事故あるいは災害のあとも企業や官庁など組織は存続し、さらに成長していかなくてはなりません。そのためには、当事者自らが声を上げ、未来に向けて何をしようとしているのかメッセージを表明していく必要があります。

しかし、実際には、事件や事故の当事者は自らに謹慎を科し、長く人目を避けようとするケースが多いようです。あるいは災害で被災した場合は、疲れきって気力が失せ、それどころではないということもあるでしょう。

　事態終息後、しばらくは当事者が反省していることを示すためにも、あるいは鋭気を養うためにも、おとなしくしていることは必要でしょう。しかし、いつまでも黙っていては、その組織の存在自体が色あせていき、ますます再起が難しくなってしまいます。

○　いつ声を上げるのかが難しい
　しかし、事件や事故あるいは災害の後、どの時点で再起を表明するのかは難しい問題です。

　一般的な災害などの場合、被災企業はなるべく早く事業を再開し、そのことを広くPRすることは不可欠です。しかし、東日本大震災の場合は、被害があまりに大きく、亡くなった方たちの冥福を祈る気持ちもあり、大きな声ですぐに再起を表明するのは、少しためらわれる時期がありました。また、直接、被災していない企業がどのように振舞えばよいのかわからず、長い間、戸惑っていました。企業のテレビCMが一斉に取りやめになり公共広告機構（AC）のメッセージ広告

に入れ替わったり、新製品の発表などを先送りにしたり、イベントが中止になったり、世の中全体に沈滞ムードが漂いました。

ついには、東北地方の人々から、「日本全体の生産活動や消費が落ち込むと、かえって被災地の復興が遅れるのでこれ以上自粛しないでほしい」との声が上がりました。たとえば、岩手県の酒造メーカーは、動画投稿サイト「ユーチューブ」を使って、花見の自粛はやめるよう訴えました。被災地を気遣っての自粛の気持ちはありがたいけれども、そのせいで日本酒の消費が落ち込むと売上が下がり、被災メーカーはさらに経済的な二次被害を受けてしまうからです。この動画は、全国のTVや新聞などでも紹介されました。このような報道のおかげで、経済復興のさまたげになる過度の自粛はもうそろそろやめようという動きが出てきました。

○ 長すぎる沈黙はトラブルの元

当事者が遠慮しすぎて、あるいはそれどころではなく、事態終息後も沈黙のままでいると、その組織の存続に支障をきたします。ましてや発展は望めません。

東日本大震災の後、福島の原発事故による放射線に関する風評により、諸外国が日本製品の荷揚げを拒むという事態が起きました。日本の産業界にとっては深刻な風評被害でし

た。そこで、首相が欧州連合（EU）に日本製品への冷静な対応を要請するなど、国を挙げて火消しに走りました。このとき、「風評被害が出る前から、諸外国に対し原発事故の影響範囲を明確に伝え、日本製品の安全性を訴えるべきだったのに」とは、私だけではなく多くの日本人が思ったことでしょう。

○ まじめにやっているだけでいいのか

日本人は昔から「まじめにやっていれば、世間はいつの日かわかってくれる」という考えのもと、じっと耐えしのぶことをよしとする傾向があります。私も「まじめにやっていれば、世間はわかってくれる」と思います。が、問題は「それはいつなのか」ということです。数年先では遅いのです。何事もスピードが重視される現代においては、じっと待っていられる時間は昔よりずっと短いのです。

○ 前向きなメッセージ発信こそ重要

そこで、当事者は、ある時点からは未来に向けて積極的にPRをしていくべきだと私は思います。当事者が事件・事故の原因に大きな責任を持つ場合であっても、遠慮しすぎることはありません。たまたま事件・事故に巻き込まれたり、災害に遭ったりして、当事者に非がない場合はなおさらです。

○ 前提はクライシス・コミュニケーションができていること

しかし、過去をうやむやにしたままで、いきなり心機一転、復活キャンペーンなどをやっては反感を買う危険性があります。やはり、まずは事件や事故あるいは災害時のクライシス・コミュニケーションを充分に行い、当事者としての説明責任を果たしておくことは必要です。その上で、前向きなメッセージを発信すべく積極的なPRを展開していくことが理想です。

事件や事故あるいは災害などは、組織にとっても個人にとってもできれば経験したくないやっかいなものですが、生まれ変われるチャンスでもあります。危機的状況を乗り越えたなら、その後はさらに発展するために、生まれ変わった姿を積極的に人々に知ってもらう努力をしていただきたいと思います。

第15章

マスコミ以外のステークホルダー対応 ― ネットの炎上、クレーマーには誠意を持って理論武装

Q 新入社員が業務に関わる不適切な書き込みをインターネットのソーシャルネットワーキングサービスで行い、炎上（ネット上で議論が過熱）しました。それをきっかけに会社にクレームが殺到。どうしたらいいでしょうか。

A 社員が迷惑をかけたことと社員教育が行き届いていなかったことについての「謝罪」を会社のホームページのトップに早く掲載してください。再発防止のため、社員教育の徹底に務めることも表明してください。

ソーシャルネットワーキングサービス（Social Networking Service、SNS）とは、インターネット上の交流サイトでユーザー同士がコミュニケーションを行えるサービスです。世界的には「フェイスブック」（Facebook）や「ツイッター」

(Twitter)が有名ですね。気ごころの知れた「友だち」同士の会話のような形態であるため、つい油断してしまう場合もあるようです。いたずら画像を投稿したり、他人の悪口を書き込んだり。うっかり、企業機密や顧客情報を漏らしてしまう人もいます。「まさか、こんな騒ぎになるとは思わなかった」という無邪気な社員や職員、アルバイト・パート従業員がSNSに不適切な書き込みや投稿をしてしまったことで、組織側のトップが記者会見を開いたり、お詫び行脚に回ったり、あるいは店舗が閉店に追い込まれたりと深刻なケースが最近、目立ってきました。

　万一、ネットで炎上が起きてしまったら、まずは自社のホームページで「謝罪」メッセージを掲載し、再発防止のためにアルバイトやパートを含めた全従業員向けの教育に取り組むことを表明してください。電話やメールで外部から問い合わせがあった場合も、謝罪の上、従業員教育に力を入れる旨を丁寧に伝えてください。

　SNSでのトラブルを防ぐために、企業や官庁ではSNSの使い方について、「ソーシャルメディアポリシー」を作成し社員・職員に周知徹底を図ることが必要です。「ソーシャルメディアポリシー」は、法律ではなくあくまでも内部だけのルールです。形態や項目は自由に決めてよいのですが、重要

なポイントは以下の二つだと私は考えます。

①業務の詳細は原則として書かない。載せない
　機密情報を守るとともに、取引先等関係者に迷惑がかかってはいけないからです。もし、職場でのイベントなどをSNSで告知し、集客に利用しようというときには、どこまで書いていいのか、載せていい画像は何かについて慎重に検討し、掲載基準を明確にしておいてください。

②他人や外部の機関を誹謗中傷しない
　社員・職員が個人的に他人の悪口を書いてしまったとしても、世間から攻められるのは組織です。だれかを誹謗中傷した当人は、騒ぎになった後でSNSのアカウントを閉じたり職場を変わったりできますが、組織は逃げられません。世間からの非難は組織に集中します。そんなことになってはやっかいです。よって、悪口はいっさい書かないよう、社員・職員に念を押しておいてください。

　いまや、この「ソーシャルメディアポリシー」がない組織は、「ネットに対する意識が低い」、「社員・職員教育が甘い」とみなされてしまいます。問題が起きる前に、できることから早めに対策を打っておいてください。

Q クレーマーが「そちらの会社のことをマスコミに通報するぞ」と言ってきました。マスコミは当社のことを悪く報道するでしょうか。心配です。

A クレームの内容が「世間の共感を得られるものかどうか」を見極めてください。クレーマーのひとりよがりにすぎないものならば心配ありません。

　クレーマーの主張が、世間の共感を得られないものならばマスコミは報道しません。新聞やTVのようなマスコミは、一般の読者視聴者のことを常に意識しています。いわゆるモンスター〇〇と言われるような人々の自分勝手な主張をそのまま報道すると、マスコミ側が、読者視聴者から非常識と思われ非難される危険性があります。よってマスコミ関係者はクレーマーの言い分を慎重に吟味し、一般の読者視聴者が別に知る必要がないと判断すれば報道しません。

　しかし、クレーマーの言い分の筋が通っていて、世間が共感しそうなものならば、マスコミも関心を持ちます。その場合も、いきなり報道されることはほぼありません。記者や番組制作者は、報道する前に裏をとろうとします。クレームを言われている側、つまりあなたの組織に確認します。あなた方の組織に記者から連絡があれば、逃げ隠れせずに取材を受けてください。これまで行ってきた対応について冷静に説明

し、なぜ、クレーマーの要求に応えられないのか、理由を解説すればよいのです。ただ、このとき、理屈一辺倒だと「冷たい」という印象をもたれかねません。「お気の毒ですが、、、」という気持ちも素直に示しましょう。記者があなた方の事情を理解してくれれば、一方的な非難報道は避けることができます。

Q 異常にしつこいクレーマーに悩まされています。誠意を持って対応していますが、いっこうに引き下がってくれません。クレーム担当の社員は体調を崩し、会社を休むようになってしまいました。

A クレーマーのタイプを見極め、外部の専門家に対処法を相談してください。同時に、担当者のアフターケアを心がけてください。クレーム対応は、特定の担当者に任せきりにせず、組織で対応してください。

SNSの普及で、一般の人のクレームの影響力は拡大傾向にあります。インターネットを介して、一人が発信したクレーム情報が一瞬にして世界中に広まり、それに同調する人が爆発的に増大するということがありえます。よって、クレーム対応は以前よりもずっと重要になってきました。

クレーム対応の基本は、初期対応に注意し、"不必要な"

いざこざは避けることです。

　私の経験から「通常クレームの初期対応の注意点」を以下のとおりまとめました。

1．謝罪は速やかに
　　必ずしも、クレームの対象となっている本題について謝罪しなくてはならないというわけではありません。お門違いのクレームというのもしばしばあるからです。しかし、クレームを言ってきた人はほぼ100%、自分の置かれた状況にいらだっています。そこで、まずは、「お待たせしたこと」にお詫びしましょう。「申し訳ありません」の一言で、相手の気持ちも（少しだけですが）慰められるでしょう。
2．組織で対応する
　　クレームを言ってきた相手と、こちらの担当者の個人的な関係にしてはいけません。担当者が疲弊してしまいますし、相手のロジックに取り込まれてしまう危険性があります。それを避けるために、複数の担当者が同時に、あるいは交代で応対しましょう。
3．話すときの口調は「ゆっくり」と
　　相手は興奮しているので早口です。こちらもつられて早口になってしまうと、悪い相乗効果が起きて、両者ともますます興奮してきます。こちらは通常よりもさ

らにペースを落としてゆっくりと話しましょう。
4．相手の話をとことん聞く
　話すだけで気が済むことはよくあることです。
5．その場で反論しない
　「それはうちではありません」「お門違いです」などと途中で反論すると、それだけで相手は怒ってしまいます。
6．その場で過剰な要求を飲まない。約束しない
　相手の迫力に押されて、つい要求を飲んでしまうと後でトラブルになるかもしれません。
7．相手宅を訪問する際は必ず二人以上で行く
　一人だけで訪問すると、あとで「言った」「言わない」ということに。また、帰りたくても帰れないという事態になるかもしれず、たいへん危険です。必ず、二人以上で行き、一人は相手の話の聞き役に、もう一人はメモを取りながら、冷静に状況判断をする係になりましょう。長時間、拘束されそうになったら、一人が「お客様のご迷惑になりますから、私どもはこのへんでおいとまします。明日（後日）改めて、お電話でお話を伺います」と切り出しましょう。

　さて、ここまでは通常のクレーマー対応です。

最近、企業や官庁あるいは学校法人を悩ませているのは、通常のクレーマーではない「特殊なクレーマー」です。金品の要求や暴力、脅しがあればすぐに警察に相談しましょう。また、こちらの法的な立場を明確にするため、弁護士にも早めに相談するようにしましょう。こちらに法的な問題がないことがはっきりしていれば、クレーム対応するときにも余裕が持てます。

　今、増えているのは、「心のバランスを失っているのではないか」と思われる人々からのクレームです。金品目的ではなさそうなのに異常にしつこかったり、脅しているわけではないけれども罵詈雑言を言い続けたり。あるいは、短時間に感情が急に入れ替わったり。先日、私が出会った人は、たたみかけるように次々と文句を言っていたのに、突然にこにこと私のご機嫌を取り出しました。その間、わずか20分で、一瞬、なにが起こったのかわからず面食らいました。そのような人々と対面していると、やがてこちらも疲れてきて、心が折れそうになってしまいます。

　そこで、臨床心理士や精神科医、あるいは心理学者といった「心の専門家」に相談できるシステムを整えておいたほうがよいと考えます。クレームを言ってきた人をこちらで勝手に病気と断定したり、治療を勧めたりすることはできませ

ん。しかし、「あれ、もしかして」と思う相手に出会ってしまったときの対応方法について、専門家に相談することは有効です。（相手の状態によっては、通常のクレーマー対応と違い、話を長時間にわたって聞いてはいけない、という場合もあるようです。）

　何よりも、心が折れそうになっているこちらの担当者のアフターケアのために、専門家のアドバイスは不可欠です。ときに、専門家に直接、担当者のカウンセリングをしてもらう必要も出てきます。私も、しつこく文句を言い続ける人に翻弄されていたとき、心理学者の知人から「あなたは悪くないです。相手の人が怒りをコントロールできないのはその人の問題で、あなたのせいではないですよ」と声をかけてもらったおかげで、立ち直れました。

　複雑化する世の中、様々なトラブルが発生します。これまで出会ったことがないような人にも対面しなくてはなりません。それもクライシス・コミュニケーションの一環です。柔軟な姿勢で臨みましょう。

特殊なクレーマーの対応注意点

1．相手の悪質・異常な言動を早めに察知する

　・金品の要求、脅し、暴力、居座りは「犯罪」
　・相手の発言、行動は記録しておく、メモを取る
　　録音や撮影も
　・異常なしつこさや罵詈雑言は心のバランスを失って
　　いる可能性あり

2．組織を通して、外部の専門家や専門機関に対応方法を相談する

　・警察、弁護士
　・臨床心理士、精神科医、心理学者

3．職場で担当者のアフターケアを心がける

　・専門家のアドバイスを活用
　・苦しさを共有
　・みんなで協力

付　録

クライシス・コミュニケーション
実践チェックリスト

　ここでは、クライシス・コミュニケーションの全体像をつかんでいただくために、実際に必要な手順について簡単に説明します。

A．クライシス・コミュニケーションのPDCAサイクル

　クライシス・コミュニケーションは、事件・事故あるいは災害が起きたときの緊急記者会見だけはありません。平時からの準備、事後のチェックと改善も必要です。そこで私は、クライシス・コミュニケーションの全体像をマネジメントサイクルのPDCAサイクルにあてはめて整理することを提唱しています。

クライシス・コミュニケーションのPDCAサイクル

(提唱:宇於崎裕美)

継続的な改善を目指すマネジメントサイクルPDCA
Plan計画→Do実行→Check確認→Action改善策実施

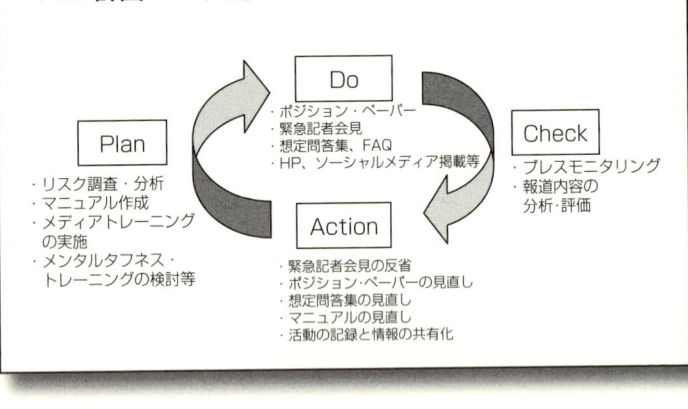

Plan
・リスク調査・分析
・マニュアル作成
・メディアトレーニングの実施
・メンタルタフネス・トレーニングの検討等

Do
・ポジション・ペーパー
・緊急記者会見
・想定問答集、FAQ
・HP、ソーシャルメディア掲載等

Check
・プレスモニタリング
・報道内容の分析・評価

Action
・緊急記者会見の反省
・ポジション・ペーパーの見直し
・想定問答集の見直し
・マニュアルの見直し
・活動の記録と情報の共有化

1. 平時における準備:クライシス・コミュニケーションのPDCAサイクルのP:Plan計画

〇組織全体での関心の醸成

　クライシス・コミュニケーションを成功に導くには、組織幹部の努力だけではなく、一般の職員や社員、あるいは外部ブレーンの協力が必要です。まずはトップがクライシス・コミュニケーションに取り組む決意を周囲に示し、組織全体の意識の向上を目指してください。

1）幹部で討議

　組織のトップをはじめ幹部との間で十分議論し、クライシス・コミュニケーションへの取り組み姿勢を明確にします。

2）組織全体に周知徹底

　現場の職員や社員に、組織全体でクライシス・コミュニケーションに取り組むことを知らせ、協力を要請します。

3）外部ブレーンに相談

　顧問弁護士、顧問会計士・税理士、損害保険会社、PR代理店や広告代理店など外部ブレーンにもクライシス・コミュニケーションに取り組むことを知らせ、アドバイスを求めます。

○　**クライシス・コミュニケーション・マニュアルの作成**

いざというとき迅速に対応するために、独自のクライシス・コミュニケーション・マニュアルを作成してください。マニュアルでカバーすべき項目については、以下のとおりです。

1）緊急連絡網
　事件・事故あるいは災害などのクライシスが発生したときの第一報を迅速に伝えるための緊急連絡網を整えます。自宅電話番号と携帯電話番号、メールアドレスも掲載してください。

2）潜在リスク
　組織内の各部から潜在リスクをヒアリングし、まとめます。

3）それぞれの潜在リスクの担当部署と連絡先
　何か起こったときすぐに事情が聞けるように、現場の状況に詳しい担当者と、緊急記者会見を開くときスポークスパーソンとして記者の前で説明する幹部の氏名と連絡先を、潜在リスク毎にリストアップしておきます。

4）緊急時のマスコミ対応責任者
　緊急時は情報が混乱します。情報の整合性を保つため、マスコミ対応窓口は一ヵ所に絞ります。広報担当部署がある場合は、その部署があたります。広報担当部署がない場合は現場のマスコミ対応責任者を決めてください。

5）クライシス発生時の情報伝達経路と確認ルール

　事件・事故あるいは災害が発生したとき、当該部署ではその対応に追われ、うっかり内部連絡をおろそかにしてしまうことは意外に起きやすいものです。とりあえず上司に連絡した段階で安心し、ほかの部署への連絡が後回しになってしまうこともあります。そのようなことを防ぐため、異常事態が発生したら、その瞬間にとるべき情報伝達ルールと手段を決め、周知徹底しておきます。特にマスコミ対応責任者には、細かい現場の状況まで、すべての情報が集まるようにしてください。

　また、マスコミ対応責任者が情報を公開するとき、どの部署に確認し承認を得なくてはならないのかもあらかじめ決めておきます。クライシスが発生した当該部署やトップだけではなく、情報公開により影響を受ける部門への事前連絡と承認が必要になります。各部署との確認作業に手間取り、それが原因で情報公開が遅れるような事態は避けなくてはなりません。いざというとき各部署との連絡がスムースにいくよう、情報を公開する際のルールを明確にしておきます。

6）トップ不在時の意思決定者
　組織のトップが海外出張などで不在のときクライシス

が発生し、組織としての意思決定ができず情報公開が遅れ、マスコミから非難を受けることは起こりえます。トップ不在のときに備え、トップに代わる第二，第三の意思決定者をあらかじめ決めておきます。

7）マスコミの連絡先リスト（メディアリスト）

　緊急記者会見を開催する際に必要となるメディアリストを作成します。

　クライシス発生時に連絡すべき相手は、普段の広報活動で付き合いのある新聞の経済部や業界紙・誌とはちがいます。もちろん、これらの記者にも、クライシスの情報を提供する必要があります。が、重要なのは、全国紙の社会部、地元の新聞である地方紙、通信社、NHK、民報キー局あるいは地元テレビ局です。全国紙やNHK、通信社は地域ごとに支社や支局があるので、それらの連絡先を調べます。直通電話番号と記者会見の案内状や資料を送るためのFAX番号をあらかじめ聞き出しておきます。

　参考までに、主なメディアの東京・大阪の代表電話番号を下記に示します。社会部の直通番号やFAX番号、各地域の支局の電話番号等は下記に問い合わせてください。

　　　　　　　　東京　　　　　　大阪

〈全国紙（5紙）〉

朝日新聞	Tel. 03-3545-0131	Tel. 06-6231-0131
毎日新聞	Tel. 03-3212-0321	Tel. 06-6345-1551
読売新聞	Tel. 03-3242-1111	Tel. 06-6361-1111
産経新聞	Tel. 03-3231-7111	Tel. 06-6633-1221
日本経済新聞	Tel. 03-3270-0251	Tel. 06-6943-7111

〈通信社（2社）〉

共同通信社	Tel. 03-6252-8000	Tel. 06-6630-1500
時事通信社	Tel. 03-6800-1111	Tel. 06-6231-6341

〈NHK〉

日本放送協会	Tel. 03-3465-1111	Tel. 06-6941-0431

　　　　（上記はすべて、2013年12月現在のもの）

　地元地方紙の電話番号は各新聞の一面に掲載されています。テレビ局の電話番号もNTTの番号案内で調べられます。また、インターネットで検索することもできます。

メディアリストにおいては、記者名までわかればそのほうがよいのですが、人事異動で担当者が変わってしまう可能性があります。まずは電話とFAX番号を押さえましょう。

　また、すでに業界の記者クラブ（官庁や業界団体に置かれた記者の集まる場）と交流がある場合は、記者クラブの受付電話番号のほかに、夜間や休日もクラブメンバーの記者と連絡がとれるよう会社の直通番号や携帯電話番号を聞いておきます。

8）基本的な想定問答集
　潜在リスクを検証したうえで、それに対する質問を予測し回答を用意します。実際に事件・事故や災害が起きたときには、その特異性に伴う想定Q&Aを追加します。

　さらに会社概要など組織に関する基本データについても用意します。

9）ポジション・ペーパーの雛型
　ポジション・ペーパーとは、問い合わせがあったとき組織側の立場や責任を明確に示すための資料です。ポジション・ペーパーのポジションとは、問題などに対する

立場や見解のことです。

　事件・事故あるいは災害などにより組織がクライシスに巻き込まれたときのポジション・ペーパーには、①何が起きたか（現状）②なぜ起きたか（原因）③今どうするのか（対処、補償）④将来どうすればよいのか（再発防止策）についての情報をまとめます。

　ポジション・ペーパーにより、どの記者にも同じ情報を渡せるので、組織側のメッセージの一貫性を保てます。平時にポジション・ペーパーの雛型を作っておけば、いざというとき作成時間が節約できます。

10）ホームページやソーシャルメディアでの発表ルール
　ホームページには情報を早期に発表し、かつ長期にわたって掲載します。

　マスコミ向けに記者会見を行う場合は、記者会見の直後あるいは同時にホームページでも発表します。

　記者会見を行わない場合も、ホームページには情報を掲載します。

マニュアルでは、掲載タイミング、掲載場所、掲載する情報の種類を決めておきます。

ホームページで発表するときの注意点は、
1．マスコミ向け
2．地域住民や消費者など一般市民向け
で、文章形態、情報の量、謝罪表明の有無、掲載場所を変えたほうがよいということです。

マスコミ向けには、事実を伝えることを優先します。よって、ポジション・ペーパーをそのままプレスリリース・コーナーに掲載します。

一方、一般市民向けには不安感情への配慮が必要です。ホームページにアクセスしたとき、すぐに見られるトップページに掲載します。地域住民や消費者が抱くであろう不安を少しでも早く解消するよう心がけます。ポジション・ペーパーとは別に、謝罪や注意喚起について丁寧な言葉で表現します。また、多くの人から聞かれるであろう質問（FAQ＝Frequently Asked Question）とその答えも掲載します。

さらに、ホームページには、問い合わせ先も明示しま

す。問い合わせ先は、メールアドレスだけではなく、できれば電話番号も明記しましょう。

　交流サイトのツイッターやフェイスブックに、会社や官庁の公式アカウントがある場合、そちらでも発表することが必要になります。このようなソーシャルメディアでの発表は、一回、書き込みをすればいいというものではなく、繰り返し情報発信をしていく必要があります。また簡潔な表現を心がけることが重要です。まずはホームページに詳細情報を掲載し、ツイッターやフェイスブックではそのホームページへの誘導を促すだけにすれば、書き込みの文言が簡単になります。だれがどのタイミングでどのように書き込むのか、平時に基本ルールを決めておきましょう。

11) 外部サポート会社の連絡先
　クライシスが発生してしまうと、マスコミ対応のために多くの人手や専門家のアドバイスが突然、必要になります。通常の職員や社員だけでは対応しきれない場合が出てきます。PR代理店、広告代理店、記事クリッピング会社、テレビモニター会社等、いざというとき、頼りになる外部サポート会社の連絡先をマニュアルに明記しておきます。

特に、謝罪広告や製品回収告知広告などの新聞広告を出す際には、広告代理店の助けが必要です。普段、まったく広告を出していない場合も、広告代理店の電話番号ぐらいは調べておいてください。

○　メディアトレーニングの検討

　報道陣の前に立つ可能性のあるトップ、現場責任者そして広報担当者が「メディアトレーニング」を受けておくことも大切です。メディアトレーニングとは、マスコミから取材を受けたときのための予行演習です。メディアトレーニングにより、記者と向き合う心構えやプレゼンテーション・スキルが身につきます。

　メディアトレーニングの実施については、PR代理店や広報コンサルタントが相談に乗ってくれます。最近では損害保険会社がPR代理店と組んで、顧客にサービスとして提供することもあるようです。

○　メンタルタフネス・トレーニングについての検討

　メンタルタフネス・トレーニングとは、精神的なストレス耐性を養うためのトレーニングです。事件・事故が発生したとき、幹部も一般の職員や社員も大きなストレスにさらされます。冷静にクライシスに対処するために、日頃からストレ

スに耐える訓練をしておくことは有効です。

　メンタルタフネス・トレーニングについては、専門カウンセラーに相談する方法のほか、e―ラーニングで訓練する方法もあります。

2．緊急事態発生時のマスコミ対応：クライシス・コミュニケーションのPDCAサイクルのD:Do実行

○　覚悟を決めて情報公開
　事件・事故あるいは災害に巻き込まれたとき、トップ自らが指揮をとり、クライシス・コミュニケーションに行わなくてはなりません。トップはまず、逃げ隠れはできないと覚悟を決め、情報公開の原則に従ってすみやかに行動してください。情報公開の手順は以下のとおりです。

1）幹部による事前ミーティングを実施
　　事前ミーティングでは以下について確認してください。
（1）現状把握
　　　何がいつ起きたのか。現時点ではどうなっているのか。

(2) 原因究明

なぜ起きたのか。その時点で原因が不明な場合は、いつまでに解明すべきか目処を立てる。

(3) 対処方針・方法（含：補償）

事件・事故、災害に対しどう対処するのか。被害者や被災者がいる場合はどのように補償するのか方針を決める。

(4) 再発防止策

再発をいかに防ぐか。その時点で未定の場合は、いつまでに策定すべきか目標を立てる。

(5) その他不明・未定事項の扱い

予想外の質問をされて答えに窮したとき、「ノーコメント」とつっぱねたり、その場しのぎでいい加減なことを言ったりしてはいけません。不明あるいは未定であるならば、それをそのまま伝えてください。ただし、なぜ不明なのか、なぜ未定なのかその理由についての説明は必要です。「調査中、検討中」「これから調査、検討を開始する」ということならば、そのことを説明すればOKです。

(6) 謝罪メッセージの検討

　まず、当該不祥事に対し組織はどのような責任があるのかを見極めます。さらに「誰に対して、何について謝るべきか」を冷静に検討します。その上で謝罪メッセージを考えます。

　謝罪メッセージはホームページに掲載します。記者会見を行う場合にも表明します。

　謝罪で重要なのは、組織の責任の表明と、責任の果たし方についての説明です。記者会見で感情的に取り乱して平謝りしたり、「すべては私の不徳のいたすところで」と個人的な責任の範囲にとどめようとしたりしても記者は納得しません。記者会見では、あくまで組織としての責任のとり方が問われます。

　被害者には、ホームページでの公開や記者会見の前に直接、謝罪しておくことが理想です。被害者が、新聞やテレビの報道や、人づてで初めて自分の被った損害を知るというのは、ショックが大きいうえ、当事者に対し不信感を抱いてしまうからです。

　どうしても時間がない場合には、記者会見と平行し

て被害者への謝罪を行うなど、誠意ある姿勢が求められます。いずれの場合も、被害者に詫びるだけではなく、記者会見でも謝意を表明すべきです。

2）現場と情報共有

　外部に情報公開する直前に現場の職員や社員と情報を共有しておいてください。一部の幹部が勝手にマスコミ発表をしてしまうと、何も知らない現場の職員や社員に外部から問い合わせが来たとき、混乱が生じます。

3）外部ブレーンに連絡、相談

　顧問弁護士、会計士・税理士、損害保険会社、広報コンサルタントやPR代理店、広告代理店に連絡し、意見やアドバイスを聞いておきます。

○　記者からの問い合わせ対応

前記の事前社内ミーティングの結果を踏まえ、実際の記者対応は次のチェックポイントを参考に、実行してください。

1）マスコミ対応窓口の決定

　　回答の整合性を保つために、記者からの問い合わせ窓口は一カ所に絞ります。たまたま電話に出た職員や社員が勝手に記者の質問に答えないよう、マスコミ対応窓口

の存在については周知徹底してください。

2）想定問答集を整備

　不祥事が発生したらすぐに想定問答集が必要になります。平時からリスクを洗い出し基本的な想定問答集を用意しておくと、いざというとき時間の節約になります。基本的な想定問答集は、クライシス・コミュニケーション・マニュアルに最初から組み込んでおくとよいでしょう。実際に事件・事故が起きたとき、その事象の特異性によって新たに予測される質問とその回答を追加します。

3）FAQを用意

　想定問答集の中から最も頻繁に聞かれるであろう質問とその回答を抽出します。

4）ポジション・ペーパーを用意

　ポジション・ペーパーは記者から問い合わせがあったときに提示します。また、ホームページにも掲載します。

5）ポジション・ペーパーを更新

　事故の復旧が遅れたり、事故原因の調査が長引いたりした場合は、第2，第3のポジション・ペーパーを用意し、最新情報をマスコミに提供する準備をしておきま

す。事件・事故などのクライシスが終息するまで、できれば1日1回は更新するようにしてください。その際、進展がない場合でも「○月○日○時現在、変化無し」の一文を加えることで、記者には最新情報を伝えたことになります。

○緊急記者会見の開催

一刻も早く事態を世間に知らせる必要がある場合は緊急記者会見を開催します。緊急記者会見を開いたほうがよい事例については、次のようなことが考えられます。

・食中毒や製品への異物混入あるいは自然災害などで一般市民の健康や生命が危険にさらされているとき
・工場火災や自然災害などで地域住民に注意や避難を促したいとき
・事故で従業員や一般市民から死亡者やけが人が出たとき
・組織内から逮捕者が出たとき
・製品リコール
・重大な条例違反など

緊急記者会見では、前出のポジション・ペーパーが資料として役立ちます。開催のタイミングは事件・事故発生から数時間以内、理想は2時間以内です。人命にかかわるような重要案件については、深夜・早朝に関わらず記者会見を開催し

ます。

1）記者会見の目的の確認

　何のために記者会見を開くのか、組織全体で目的を確認してください。単に「まわりがうるさいから」とか「記者から要求されたから」ということではなく、自分たちは誰に何を伝えたいのかメッセージを明確にしてから会見に臨んでください。

2）スピーカーの決定

　緊急記者会見での発表者は、基本的にはトップが望ましいです。大企業で部門ごとに経営者に匹敵する権限を持つ役員がいる場合は、社長でなくても当該役員が発表してもかまいません。が、人命に関わる場合はやはり社長が登場すべきです。

　トップ不在の場合は、トップに代わる意思決定者がスピーカーとなります。また、細かい質問が出たときのために、各部署の責任者も会場内で待機するとよいでしょう。

2）司会者の選出

　緊急記者会見における司会者の役割は重大です。司会

者には、スピーカーがうまくメッセージを伝えられるよう会の進行を司り、記者の質問を手際よく裁く器量が必要となります。司会者は落ち着きのある中堅から任命するとよいでしょう。広報担当者がいる場合は、広報担当者が司会を行います。

3）発表内容の検討とポジション・ペーパーのコピー

　発表内容で重要なポイントは①何が起きたか（現状）②なぜ起きたか（原因）③今どうするのか（対処、補償）④将来どうすればよいのか（再発防止策）です。結論や結果が出ていない項目は、「現在調査中（検討中）です。判明（決定）次第、改めてお知らせします」としてかまいません。

　これらのポイントは前出のポジション・ペーパーにまとめます。ポジション・ペーパーはコピーをとり、配布資料として記者に配ります。

4）開催時間の決定

　開催時間は、事件・事故発生から2時間以内が理想ですが、数時間以内の開催をめざします。人命に関わるときは早朝・深夜に関わらず開催します。

記者会見全体の長さは、スピーカーによる説明と質疑応答で1時間以内に収めます。記者からの質問が続くことが予測される場合は、二度目の会見を開くこともあらかじめ視野に入れておいてください。一度目の会見を終えたあと、新しい情報を仕入れ態勢を整えてから、数時間後あるいは翌日以降に二度目の記者会見を開きます。

5）場所の決定
　緊急記者会見にふさわしいのは、1、現場、2、本拠地です。
　記者は現場の写真や映像が必要なので、現場で会見が開かれることを希望します。よって、記者会見用に現場で安全な場所を確保します。スピーカーと司会者もすみやかに現場に向かいます。

　もし、どうしても現場で開けない場合は、本庁や本社など本拠地で行います。

6）動線の確保
　会場内での混乱を避けるため、記者の出入り口とスピーカーの出入り口は別にします。出入り口が一ヵ所しかない会議室の場合は、会見終了後スピーカーがすぐに会場の外に出られる位置にスピーカー席を設け、スピー

カーの動線を確保します。

　記者とスピーカーの出入り口が同じだと、記者に取り囲まれてスピーカーが会場から出られなく可能性があります。そのような状況では、スピーカーが失言をしてしまうリスクが高まるので気をつけましょう。

7）受付の設置
　どのメディアの誰が来たのかを知るために、受付を設け記者から名刺を受け取ります。また、記者以外の部外者が会場に入り込まないよう受付でチェックします。

8）記者への案内
　緊急記者会見開始の1時間以上前には、新聞、テレビ、通信社など各メディアにFAXで案内状を送ります。

　案内状に最低限、必要な要件は、以下の3点です。
　①タイトル―何についての記者会見か
　②日時
　③場所
とにかく、急を要しますので文章やレイアウトに凝る必要はありません。

すでに現場に記者がつめかけているような場合は、緊急記者会見を開催する旨をその場で知らせます。口頭で伝えるだけではなく、張り紙をするとよいでしょう。

9）実施（入場→挨拶→謝罪→説明→質疑応答→挨拶→退場）

開始直前にスピーカーが会場に入り、司会者が開会を告げます。

スピーカーは挨拶の後、ポジション・ペーパーに沿って状況を説明します。

明らかに発表者側に非がある場合は、説明の前に謝罪します。謝罪のタイミングは事態の深刻さと発表者の置かれた立場によりますので、慎重に判断してください。

謝罪をするときは立ち上がり、礼儀正しく、そして心をこめて謝罪メッセージを伝え、静かに頭を下げてください。そして、5秒以上たってから静かに頭を上げてください。

このとき、注意が必要なのは形式主義に陥らないことです。私が記者に行ったヒアリングでは、「最近、企業

幹部の謝り方が皆、同じなのは興ざめ」という声がありました。形だけにこだわっていても誠意は伝わりません。

　スピーカーの説明と謝罪が終わった後、記者から質問を受けます。司会者は、複数の記者が勝手に質問し会場が混乱するのを避けます。質疑応答では、司会者が質問者を指し、スピーカーはその質問に回答するようにします。

　終了予定時間が来たら、司会者は一旦、閉会を告げ、スピーカーは挨拶をした後、速やかに会場の外に出ます。情報の整合性と情報公開の公平性を保つため、スピーカーは会場外で個別取材を受けてはいけません。

　もし、記者会見終了後も記者から質問が続くような場合は、2度目の会見を開きます。記者には「〇時間後、2度目の記者会見を開きます。そこでご質問にお答えします」と伝え、一度引き取ってもらいます。

　その後、幹部で話し合いポジション・ペーパーを更新し、2度目の記者会見に備えます。2度目も同じ手順で会見を実施します。

一つ注意すべきは、2度目の会見をするしないの方針については、あらかじめ決めておくということです。2度目の会見の開催は、成り行きで決めるものではありません。スピーカーや司会者が勝手に決めてもいけません。1回目の会見を開催する前に、「質疑応答が時間どおりに終了しない場合は2度目を開く」など方針を決めておくとよいでしょう。

　ところで、世間には「記者の質問が出尽くすまで記者会見を続けたほうがよい」という意見もあります。しかし、私は、1時間以上の会見は発表者側にとってリスクが高すぎるので避けたほうがよいと思います。スピーカーが疲労してしまうと、失言をする危険性が高まるからです。

10) ビデオ撮影あるいは録音
　記者会見の様子はビデオで撮影するか録音を撮っておきます。2度目の記者会見を検討するときに必要ですし、万一、記事の内容が会見の説明と違っていた場合、メディアに連絡するときにも証拠として必要となります。さらに、後々、苦い経験から学んだ知恵を後進に伝えるときにも役に立ちます。

○ **ホームページやソーシャルメディアで発表**

官庁や企業が一般世間に向けて情報発信する方法として、ホームページを活用することはすでに一般的となりました。クライシス・コミュニケーションにおいても、各組織の発表ルールに従い、ホームページで情報を公開します。

また、交流サイトのツイッターやフェイスブックに会社や官庁の公式アカウントがある場合は、そちらでも発表ルールに従い情報を公開したり、ホームページへの誘導を図ったりします。

○ **マスコミ以外のステークホルダー対応**

不祥事の大きさやタイプによっては新聞に謝罪広告を載せます。謝罪広告の対象は、マスコミではなく一般消費者です。謝罪広告のスペースの予約などは、広告代理店に依頼します。

また、工場火災などで近隣住民に迷惑をかけたり不安を与えたりした場合は、社員が一軒ずつまわるか住民説明会を開くなどして、住民に対し直接、謝罪と説明をします。

3. マスコミ対応後のチェック作業：クライシス・コミュニケーションのPDCAサイクルのC:Check確認

○ プレスモニタリング—報道内容の評価・分析

　マスコミ対応の後には、どのように報道されたか検証するために、新聞・雑誌をチェックし記事を集めます。テレビのニュース報道についてもビデオを録画しておきます。インターネットでも検索し、ウェブ媒体にどのように取り上げられているのかチェックします。それらの内容を吟味し、発表者側のメッセージがちゃんと伝わったか、情報に間違いはないかを検証します。

　1）新聞・雑誌の記事を集める
　2）テレビのニュースを録画する
　3）インターネットのウェブサイトの記事を検索する
　4）上記の記事やニュースの内容を分析、評価する

　記事クリッピングやテレビ・ニュースのビデオの収集はたいへん手間がかかります。社内で人手が確保できない場合は、外部クリッピング会社やPR代理店に委託します。必要なときすぐに連絡ができるよう、平時に連絡先を調べクライシス・コミュニケーション・マニュアルに明記しておきま

しょう。

4．改善策の実施：クライシス・コミュニケーションPDCAサイクルのA:Actionアクション

○ **継続的な発展のために**

クライシスを乗り切ったあと、事件・事故あるいは災害の記憶を忘れ去ってはいけません。貴重な経験として組織のなかで活かし、継続的な発展を目指しましょう。

1）記録作成

　　経験を風化させないために、事件・事故、災害の全容、記者対応の様子、発表内容、プレスモニタリングの結果をまとめたレポートを作成します。

2）反省会の開催

　　一連のマスコミ対応が適切であったかどうか検証し、改善すべき点がないか検討します。マニュアルはちゃんと機能したか、ポジション・ペーパーの内容や記者会見のタイミング、受け答えが妥当であったかについて組織内で議論します。場合によってはマニュアルを改定し、スピーカーのメディアトレーニングなどについて再検討します。

3）情報の共有化

　定期的に勉強会を開いたり、あるいは後進に直接語って聞かせたりして、不祥事についての情報を全社的、継続的に共有します。事件・事故の起こった日を「メモリアル・デー」とし、毎年その日にリスクマネジメントに関する講習会を開いている企業もあります。

　このように、苦い経験から学んだ知恵を継承することで、より高度なクライシス・コミュニケーションが可能になるだけではなく、事件・事故そのものの再発防止にも役立ちます。

B．クライシス・コミュニケーション　行動・作業チェックリスト

次に、PDCAサイクルに沿った作業項目をまとめました。クライシス・コミュニケーションの現場で、作業に漏れがないかチェックするときに使ってください。

1．平時における準備：クライシス・コミュニケーションのPDCAサイクルのP:Plan計画

☐**組織全体での関心の醸成**
　　☐幹部討議
　　☐職員・社員への周知徹底
　　☐外部ブレーンに相談

☐**クライシス・コミュニケーション・マニュアルの作成**
　　☐緊急連絡網の整備
　　☐潜在リスクの洗い出し
　　☐それぞれの潜在リスクの担当部署と連絡先の調査
　　☐緊急時のマスコミ対応責任者の選出
　　☐クライシス発生時の情報伝達経路と確認ルールの策定
　　☐トップ不在時の意思決定者の選出
　　☐マスコミの連絡先リスト（メディアリスト）の作成

- ☐ 基本的な想定問答集の作成
- ☐ ポジション・ペーパーの雛型の作成
- ☐ ホームページでの発表ルールの策定
- ☐ ソーシャルメディアでの発表ルールの策定
- ☐ 外部サポート会社の連絡先の調査

☐ メディアトレーニングの実施
☐ メンタルタフネス・トレーニングについての検討

2．緊急事態発生時のマスコミ対応：クライシス・コミュニケーションのPDCAサイクルのD:Do実行

☐ 情報公開についての覚悟
☐ 情報公開準備
- ☐ 幹部による事前ミーティング
  - ☐ 現状の確認
  - ☐ 原因の確認
  - ☐ 対処方針・方法（含：補償）について検討
  - ☐ 再発防止策の検討
  - ☐ その他不明・未定事項の扱いの検討
  - ☐ 謝罪メッセージについての検討
- ☐ 外部ブレーンに連絡、相談

- [ ] **記者からの問い合わせ対応**
    - [ ] マスコミ対応窓口の決定
    - [ ] 想定問答集の整備
    - [ ] ポジション・ペーパーの用意
    - [ ] ポジション・ペーパーを更新

- [ ] **緊急記者会見の開催**
    - [ ] 記者会見の目的とメッセージの確認
    - [ ] スピーカーの決定
    - [ ] 司会者の選出
    - [ ] 発表内容の検討
    - [ ] ポジション・ペーパーのコピー、配布資料の用意
    - [ ] 謝罪メッセージの検討
    - [ ] 開催時間の決定
    - [ ] 場所の決定
    - [ ] 動線の確保
    - [ ] 受付の設置
    - [ ] 記者への案内
    - [ ] ビデオ撮影あるいは録音の手配

- [ ] **ホームページ、ソーシャルメディアでの発表**
    - [ ] お詫びコメントの掲載
    - [ ] ポジション・ペーパーの掲載

□ポジション・ペーパーが更新された場合はその掲載
　　□FAQとその回答の掲載
　　□問合わせ先電話番号とメールアドレスの掲載
　　□ソーシャルメディアの公式アカウントでの発表

□マスコミ以外のステークホルダー対応
　　□謝罪広告の掲載
　　□近隣住民やユーザー、取引先への説明と謝罪等

3．マスコミ対応後のチェック作業：クライシス・コミュニケーションのPDCAサイクルのC:Check確認

□プレスモニタリング—報道内容の評価・分析
　　□新聞・雑誌の記事の収集
　　□テレビのニュース・クリップの収集
　　□インターネットのウェブサイトの記事検索
　　□上記の記事やニュースの内容を分析、評価

4．改善策の実施：クライシス・コミュニケーションPDCAサイクルのA:Actionアクション

□クライシスについての記録作成

- [ ] **組織内反省会の開催**
    - [ ] 改善案の検討
    - [ ] 情報共有化策の検討
- [ ] **改善策の実施**
- [ ] **情報の共有化策の実施**

お わ り に

　2011年3月11日、東日本大震災が発生、死者・行方不明者約2万人、さらに福島第一原子力発電所が津波で破壊され、放射線汚染が広がりました。この東日本大震災は、被災者はもちろんのこと、多くの日本人の生き方や考え方が変わる転機となりました。私にとってもそうでした。

　震災前、私は本書のテーマには、前作「不祥事が起こってしまった！」同様、一般的な事件・事故を取り上げるつもりでいました。製品不具合や個人情報漏洩、経営者や従業員が起こした不正行為など実例が豊富で、多くの企業や官庁が"日常的に"遭遇するであろう、いわば想定内の問題を前提にしていました。ところが、東日本大震災により、本書のテーマに大規模災害も含めなくてならないと考えるようになりました。

　正直なところ、大震災発生から1ヵ月は、原稿執筆どころではありませんでした。東京では毎日のように余震があり、近隣商店から食品や日用品、ガソリンが消え、さらに節電も加わって生活そのものが落ち着きませんでした。私の会社では、クライアント企業の新製品発表や社員研修などが延期あ

るいはキャンセルになり、私の仕事のスケジュールも会社の売上計画も大幅に変わってしまいました。

また、マスコミ報道や現地視察などを通して被災地の窮状について知るにつれ、「人が生きるか死ぬかの状況において、クライシス・コミュニケーションの役割はなにか」ということを改めて考え直さずにはいられませんでした。今回の東日本大震災により、官庁や企業が大災害時に何をすべきかが明らかになってきました。本書でも、東日本大震災時の実例をもとに、大規模災害におけるクライシス・コミュニケーションの役割についての考察を述べました。

本書が、事件・事故・災害発生時に「説明責任」を負う立場にあるあらゆる企業や官庁の皆さんの参考になれば幸いです。

東日本大震災で被災された皆さんと関係者の方々には、改めてお見舞いを申し上げます。そして、一日も早い復興をお祈りしております。

最後に、原稿執筆中、オフィス業務を支え仙台・石巻視察旅行にも同行してくれた当社アシスタントの渡部一美に感謝します。そして、なによりも本書出版にあたりご尽力くださ

いました経営書院の皆さんに感謝の言葉を贈ります。ほんとうにありがとうございました。

　　　　　　　　　　　　　　　　　　　　2011年夏
　　　　　　　　　　　　　　　　エンカツ社　宇於崎裕美

石ノ森萬画館とがれきの山

津波のあとの荒野

復興作業と災害復旧隊車両

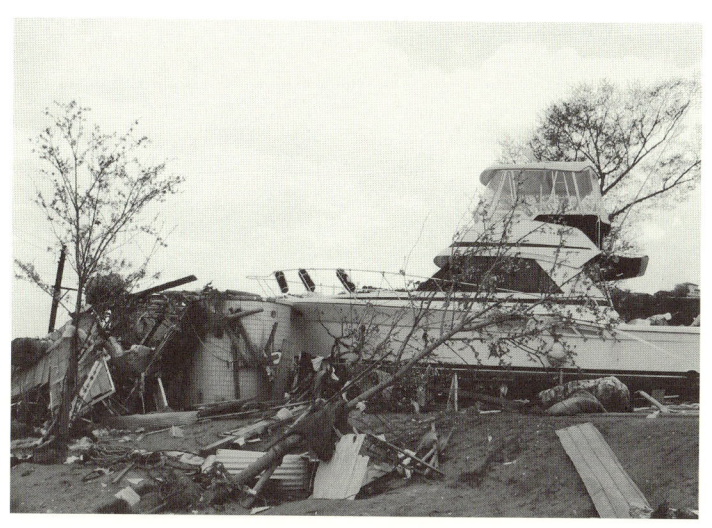

陸にあがった船と桜

被災したマリーナと船

陸に上がった船と旧石巻ハリストス正教会教会堂

著者略歴

宇於崎裕美（うおざきひろみ）
有限会社　エンカツ社代表取締役社長

1982年、横浜国立大学工学部安全工学科卒。つくば科学万博、リクルート等を経て、米国のPRコンサルティング会社バーソン・マーステラの日本法人（電通バーソン・マーステラ）に勤務。
1997年、独立。企業広報とマーケティングを専門とするコンサルティング会社、エンカツ社を設立。
総合安全工学研究所参与。失敗学会会員。
著書に「不祥事が起こってしまった！」（経営書院）

クライシス・コミュニケーションの考え方、その理論と実践

2011年11月15日　第1版　第1刷発行	定価はカバーに表示してあります。
2014年1月30日　第1版　第2刷発行	

著　者　宇於崎　裕　美

発行者　平　　盛　之

㈱産労総合研究所
発行所　出版部　経営書院

〒102-0093
東京都千代田区平河町2—4—7　清瀬会館
電話03(3237)1601　振替 00180-0-11361

落丁・乱丁はお取替えいたします　　印刷・製本　中和印刷株式会社

ISBN978-4-86326-109-9